日本人が海外で最高の仕事をする方法

スキルよりも大切なもの

糸木公廣
Kimihiro Itoki

英治出版

はじめに

「あなたはいったい何をしにこの国に来たんだ。もう日本に帰ってくれ」

これは私が初めて海外赴任した際、現地のビジネスパートナーから言われた言葉です。

当時の私は30代前半。それまでにある程度のビジネス経験を積み、世界中の市場を相手にしていたソニーの本社社員として、意気揚々と乗り込んだ矢先に突き付けられたのがその言葉でした。現地の人たちとの間で、まったく信頼関係を築けていなかったのです。

19年後。業績不振の中で海外現地法人の社長を務め、一定の成果を上げ、役目を終えて退任した日、現地の一般の社員に言われた言葉があります。

「糸木さん、あなたが社長でいてくれて良かった。この会社で働いていることを心から誇りに思えるようになりました」

このとき私はようやく海外で働くということの本質をつかむことができた気がしました。

七転八倒、9カ国

インド、トルコ、ルーマニア、ハンガリー、オランダ、ドイツ、イギリス、ベトナム、韓国。20年にわたり9カ国に赴任して仕事をしました。

それはまさに試行錯誤、悪戦苦闘の連続で、いま振り返っても冷や汗の出るような経験もあれば、胸が熱くなるような経験もあります。仕事の内容も、新規ビジネスの立ち上げから工場や現地法人の経営まで、実に多岐にわたりました。

ひと口に海外赴任といっても国によっていろいろで、ある国で学んだことが別の国ではまったく役立たないということもよくあります。必死に現地のことを学んで、転勤して国が変わると、また新たな学び直し。その繰り返しでした。

この本は、私がそうした中を手探りで進みながら見出してきた、どの国にも共通して言える、「海外で現地に溶け込み、楽しみながら成功する方法」をお伝えすることを目的としています。

異なる環境で、異なるバックグラウンドを持つ人たちと一緒に、そのさまざまな違いを楽しみながら、成果を上げるということ。これは、多様化とグローバル化が進む世の中において、ますます求められるようになっています。ご自身の仕事の中でも、その必要性を感じている人は多いのではないでしょうか。そうであれば、この本がお役に立てるかもしれません。

本書のタイトルは『日本人が海外で最高の仕事をする方法』ですが、「最高の仕事」とは、財務的な成果が最高という意味ではありません。現地の人々と一体になって任務をやり遂げる、しかも楽しみながらやり遂げるという意味であり、海外で仕事をする上での理想を表しています。

これからお話しするように、私の海外経験は七転八倒、失敗も多く、自分が理想に達したとは思っていません。が、9カ国で働いてきた中で、理想がどこにあるのかについての確信は得ています。

その理想へ向かう術とヒントを、この本でお伝えできればと思います。

日本人ビジネスパーソンの大きな課題

9カ国目の任務、ソニーの韓国法人の社長を退いた後、私は海外経営やグローバル人材育成を専門とするコンサルティング会社をつくって活動しています。いろいろな企業の方からご相談を受け、これから海外赴任する方への研修や、グローバル人材育成に携わっておられる方々向けの講座、海外現地法人の経営についてのコンサルティングなど、各種のサービスを提供しています。

　そうした仕事をしていると、企業の方々が「海外」や「グローバル」について、どのような感覚でいらっしゃるのかがよく見えてきます。

　何かと「グローバル化の遅れ」が指摘されることの多い日本企業ですが、そのグローバル化への努力は、近年いよいよ本格化してきた感があります。採用や昇進の条件としてTOEICの一定点数クリアを課すのはもはや珍しいことではなくなりましたし、英語を社内公用語とする動きも広がり、これまで以上に「本腰を入れて」グローバル化に取り組みはじめた企業が多いようです。

　一方で、現地のマネジメントがうまくいかない、海外派遣した人材が悩んでいる、といった話も非常によく聞きますし、海外赴任を避けたがる人が増えているといった声を聞くこともあります。「グローバル化」というテーマは、大半の日本企業と日本人ビジネスパーソンにとって、まだまだ道半ばというところではないかと思います。

　本書を手にとった人には、海外赴任が決まってわくわくしている人もいれば、緊張している人もいるでしょう。チャンスをねらっている人、興味はあるが手を挙げるのをためらっている人、またいろんな不安を感じている人もいるかもしれません。いつかは海外で仕事をしてみたい、という大学生もいるかもしれません。すでに海外赴任の経験があるものの今一つうまくいかないと感じている人、あるいは本社にいて現地法人の経営の状況を心配している人もいるかもしれません。

そういう人たちのお役に立ちたいという願いから、この本を書きます。

どこの国でも、ビジネスの本質は同じ

もちろん、業界や業種、ポジション、その国や地域の性質などによって、ビジネスで求められることは実に多種多様です。一概に「こうすればうまくいきます」と言えるものは少ないでしょう。そのことは私もわかっていますし、そうした違いの存在を意識することはとても大切です。

一方で、ビジネスには万国共通の、普遍的な面もあります。そのことも、ぜひ意識していただければと思います。

それは、当たり前ながら、ビジネスは「人」が行うものだ、ということです。

どの国のどの民族の人も、さまざまな違いはあっても、人であるという点は同じです。

強いところも弱いところも、プライドもコンプレックスもある。そしてそんな気持ちの上での事柄が、仕事に影響することもある。だからこそ、それぞれの持つ文化は、壁にもなり得ますし、逆にものごとを前進させる道具にもなり得ます。

人が行うものだからこそ、ビジネスには「人間的」な要素が付きものです。それが時としてとても大きな意味を持つのは、どの国の人が相手であっても同じです。この本では、そうしたビジネスの「人間的」な側面にしっかりと目を向けます。それは必然的に、相手となる人をとりまくリアルな状況（＝現地）や、その人の考え方や価値観の背景（＝文化）に目を向けることにつながります。そこにアプローチすることで、海外で楽しく効果的に成果を上げることができるのです。

「人志向」によって海外で楽しく効果的に成果を上げる。これが本書のテーマです。

ビジネスは「人」が行うとか、人間的な要素というと、「なんだ、当たり前の話じゃないか」と思われた方もいるかもしれません。

しかし、その当たり前かもしれないことを、十分に考えないまま仕事をしているケースが、とても多いように私は感じます。

そして、異質なものが交ざる中で働く海外赴任においては特に、「人志向」（＝現地志向、文化志向）が日本国内よりもずっと有効に機能するということを、私は経験的に知りました。考えてみてください。ビジネスで外国人と初めて会ったとき、相手が日本風のあいさつをしただけで、きっと鮮烈な印象を受けるでしょう。そして一気に親近感がわくかもしれません。自分の慣れ親しんだ文化や慣習に対する敬意を示してくれたことで、気持ちがぐっと近くなるのです。これが、相手が日本人だったら何とも思わないかもしれませんが。外国人だからこそ、異質な存在だからこそそのアドバンテージがあるのです。

この本で言う「人志向」とは、大袈裟な準備やトレーニングが要るものではありません。日本人的な「思いやり」や「気づかい」や「おもてなしの心」に近いかもしれません。それは、うまく活かせば、世界で非常に有効に機能するのです。その意味で本書は、日本人が世界の中で日本人らしく活躍するためのヒントを伝えるものともいえます。

ストーリーで語る意味

「人志向」は技術的な意味での「スキル」とは異なり、海外で仕事をする上での考え方やマインドセット、心の姿勢にかかわるものです。それを漠然と「こういうことに気をつけましょう」と語るだけでは、お題目を掲げるのと同じで、実践の役に立てるのは難しいでしょう。一番の学びは、やはり実体験の中でこそ得られるものです。そこで本書は、私の個人的な体験のストーリーを軸にして語っていきます。私の試行錯誤の軌跡とその中で得てきた学びを、いわば追体験していただくことで、納得感のある、現場で自分なりに活かしていけるような示唆を、皆さんに得ていただくことをねらいとしています。

この本は全部で8つの章から成っています。序章では、私の若い頃の体験談を通じて、本書の核となる視点を提示します。海外赴任の意味や特性、直面しがちな問題など、コンサルティングの中で感じている課題も示していきます。これから海外赴任する人、赴任する可能性や意欲のある人が、まず知っておくべき大前提となる心得、心構えを語る章と思ってください。

1章～6章では、9カ国で私がくぐり抜けてきた体験に基づいて、海外赴任で成功する、それも「楽しみながら」成功するための秘訣を紹介していきます。といっても私自身、失敗しながら学んできたのです。手痛い失敗の話も包み隠さず語ろうと思います。

おおむね時系列の並びになっており、私自身の仕事上の役割も徐々に上がっていきましたので、いわば初歩から応用まで、若手赴任者の話から現地法人の経営者としての話まで、段階を追って語っていきます。ご自分のポジションに近い章からお読みになってもいいかもしれません。

終章では、この章までに語ってきた教訓をまとめます。加えて、海外で「異なるもの」に向き合うことが、ビジネスパーソン個人にとって、また企業にとって、どのような意味を持つのかを改めて考えたいと思います。

本書が一人でも多くの方にとって、一歩を踏み出すきっかけとなれば幸いです。

第2章 「違い」を活かす
わかったと思うと裏切られ…外国人としての強みとは 63

▼管理職（事務所長） ▼現地事務所マネジメント

第5章 自分を見せる

第6章 誇りと喜びを育む

終章

異なるものに出会う意味

ほんの些細な事柄が個人におよぼす影響力を理解する努力をしつつ、
人間の欲求を単純化しすぎないことを肝に銘じておきたい。

——デビッド・シロタ他著『熱狂する社員』

序章

どこの国でも相手は人

突然ですがクイズです

長年、海外畑を歩み続けて、七転八倒9カ国、神秘の国インドから東欧、西欧、東南アジア、極東の隣国まで転々とした私は、行く先々でいろいろと「発見」をしてきました。それに基づくクイズをひとつ、お出ししましょう。

Q. 次のA～Fは各国でのお茶・コーヒーの楽しみ方です。どの国のことでしょう?

A　この国のコーヒーはとにかく薄い。昔、体によくないと思われていたなごりだとか。でも今は若い女性にコーヒーショップが大人気でおしゃれの象徴。

B　世界2位のコーヒー豆産出国。超フレンチローストをたっぷり使うのでとても苦い。

C　路上で素焼きのカップでチャイを立ち飲み。飲んだ後はカップを道端に割り捨てる!

D　どんなときでも「まあ座って一杯飲め」と、甘いチャイを飲んでから会話が始まる。

E　この国でお茶といえばコーヒーのこと。濃厚で味わい深く、必ずクッキーがつく。

F　お茶といえば紅茶のこと。いまだにミルクが先か紅茶が先かが真剣な議論になる。

【選択肢】インド、トルコ、オランダ、イギリス、ベトナム、韓国

いかがでしょう？　ご存じのこともあるでしょうか？

コーヒーが薄い国（A）は、韓国です。行ったことのある人には経験された方もいるでしょう。私が韓国にいた頃は、訪問先でコーヒーとわからないほど薄いものを出されることも多々ありました。世界2位のコーヒー豆産出国（B）は、ベトナムです。コーヒー豆といえばブラジル（世界1位）など中南米の国の名を聞くことが多く、意外に思われた方もいるかもしれません。

飲み終わったカップを道端に投げつけて割り捨てる国（C）はインド。初めて聞くとびっくりされるのではないでしょうか。ちなみにこれは、インドではカースト制が根強く残っているため、過去にだれが使ったかわからない食器は使わない、という発想によるものだそうです。現地の人は「素焼きのカップはやがて土に還るから問題ない」と説明してくれました。そう聞くといかにもインドっぽいですね。

以下、正解は（D）トルコ、（E）オランダ、（F）イギリスです。

この例でお伝えしたいのは、お茶やコーヒーという日常的なものごとからして、世界は実に多種多様だということです。

もっとびっくりするような、強烈な違和感を覚える例もあります。たとえば私は、赴任国のあちこちで「ご馳走」として出された料理の中に、トカゲやカラス、アルマジロなどを発見して絶句したことがあります。日本人にとっては驚きですが、世界にはそういうものを食べる人たちがいるのは事実です。しかも――食べてみると意外においしいものがあったりもします。

食文化ひとつをとっても、世界は驚くほど多様です。違いに対して違和感を覚えるのは自然なことですが、それを超えてみることで新たに見えてくるものもあるのです。

この本は海外で働くことがテーマですので、もう少し仕事に関係しそうな例を挙げましょう。

図1の(1)は、「他人がいる場での意見の出し方」の文化による違いを示しています。同じアジアといっても、インドとベトナムではずいぶん傾向が異なります。

図１　文化による国ごとの対応の違い

(1) 他人がいる場での意見の出し方

	欧州	インド	ベトナム	韓国	日本
A. どこでも意見ははっきり述べる	○	◎			
B. 周りの状況を見て調整する				◎	○
C. 意見はなるべく表現しないでおく（言われたことをやる）			◎		

(2) 他人の支援に対する受け止め方

換金できるチップを賭けてポーカーをする。負けてチップがなくなった人に、他の人からの封筒を渡す。封筒にはチップと下記３種類のメッセージが入っている。それぞれに対して受け手のもつ印象は?

	米国	スウェーデン	日本
A.「私はいらないので返す必要なし」（義務条件・低）	○	○	×
B.「チップを貸すが利子をつけて返して」（義務条件・高）	△	◎	×
C.「使ってほしい。持ち分が多くなったら返してほしい」（義務条件・中）	○	○	◎

（Gergen, et al., "Obligation, Donor Resources, and Reactions to Aid in Three Cultures" より作成。経済的な動機の大きい米国、社会的規範の強いスウェーデン、そして伝統的な義理人情感のある日本という異なる文化圏３カ国で比較された実験です）

それぞれに価値観、発想、慣習が違い、
異なる観点で見て、考え、判断する。

図1の(2)は、「他人の支援に対する受け止め方」です。同じ状況に置かれたとしても、文化的背景によって受け止め方には大きな違いが生じるということです。こちらは「相手のためになる」と思ってしたことが、期待したほど喜ばれないとか、むしろネガティブに受け取られてしまうようなケースも、異文化間のコミュニケーションにおいては起こり得るのです。

なんとも厄介な話と思われそうですが、こうした「違い」に触れることは、自分が慣れ親しんでいるものの見方とは異なる視点、新たな視点に触れる機会ともいえます。価値観、発想、慣習の違いは、コミュニケーション上の壁になることもある一方で、互いの視点を補い合うことによる相乗効果、視野の拡大、コミュニケーションによる飛躍を生み出すこともあるわけです。

「バウンダリー（境界）を越える」ということ。海外で仕事をする上では、さまざまなバウンダリーを越えなければいけません。物理的に国境を越えるのはもちろんですが、難しいのは、心の境界線を越えることです。

さまざまな「違い」に直面したとき、そこで立ち止まってしまうのでなく、一歩踏み出してみることができるかどうか。これはアルマジロやカラスを食べろという意味ではありません。食べられなくてもいいのです。しかし、それをご馳走と思って食べている人たちをどう見て、どう接するのかは大切です。強烈な「違い」を前にしたとき、嫌悪して顔をそむけてしまうか、それとも違いを楽しみ、おもしろがることができるか――。それが大切なのです。

言葉よりも大切なもの

海外で仕事をする上で、大きな課題となることは何ですか？　そんな問いかけをすると、やはり語学（英語）の問題を挙げる人は多いでしょう。海外赴任だ、グローバル化だとなると、まず英語ができなければ、という意識になりがちです。

なぜ語学が鍵となるのでしょうか。言うまでもなく、仕事をする上で、コミュニケーションはきわめて重要だからです。英語であれ他の言語であれ、できるほうがいいに決まっています。

それでは、コミュニケーションにおいて重要なことは言語だけでしょうか。もちろん違います。いろいろな要素があるでしょうが、ここでは最も根本的なこととして、「関心」

を挙げておきましょう。

人は、自分に関心を持ってくれる人に対して好意を持つものです。自分の意見、自分の興味、自分の人となり、自分のバックグラウンド……そうしたものに関心を向けてもらえるかどうかは、その人との関係を大きく左右するポイントだと思います。

逆のことも同様です。あなたが相手について何の関心も持てない、持とうとしないようなら、その人と良い関係を築くのは難しいでしょう。先ほどの食文化の例でもそうです。たとえ食べることはできなくても、相手の食文化に興味を持ち、それに敬意を示すことができるかどうか。

こうしたことは時として、言葉ができるかどうか以上に、コミュニケーションを大きく左右することがあります。言葉は下手でも「この人の話は聞きたい」と思わせる関係をつくることは可能です。また時として、いわゆるビジネススキルや専門的知識よりも強い影響をもたらすこともあります。スキルで劣っても「この人は手助けしたい」と思ってもらえる関係をつくることはできるのです。

その実例となる私の体験をお話しします。食の話ではありませんのでご安心ください。

徒手空拳でクウェートへ

私は大学を卒業してから最初、東芝に入社しました。9年後にソニーに転職したのち一貫して海外畑を歩むことになるのですが、これはそれ以前の東芝での経験です。

もともと大学時代の専攻は原子力工学。東芝でも原子力関連の部門で採用されたのですが、海外の仕事にもなんとなく興味があり、そう話したところ、入社して実際に配属されたのは、海外のプラントエンジニアリングを担当する部署でした。これはつまり、まったく専門外のところに配属されたということです。「バウンダリーを越える」ということを先ほど述べましたが、私は配属時点でひとつ、うっかりと境界を越えてしまったのです。

私の配属された部署は、主に中近東の国々に対して電力・発電プラントを売っていました。FTK（フル・ターン・キー）といって、設計から製造、設置、運転指導、保証まですべてを請け負う契約形態での仕事でしたから、業務の幅が広く、門外漢の私にはわからないことだらけでした。

四苦八苦しながら働いていると、やがて海外出張の機会がめぐってきました。行き先は中東の産油国、クウェート。1990年に隣国イラクの侵攻を受け、湾岸戦争の舞台となった国です。私が滞在したのはその数年前。まだ政情も社会も安定していて、石油収入をもとにインフラを強化している最中でした。周辺のアラブ諸国から出稼ぎの労働者が大勢集まっていました。

初の海外出張、しかも数か月の長期出張ということで、わくわくしましたが、不安もいっぱいでした。プラントエンジニアリングについての知識はまだまだ乏しく、周りの先輩たちには専門性では到底かないそうもない状態。また英語力についても、ある程度できたとはいえ、職場にしばしば国際電話がかかってくるのは嫌で、びくびくしながら受話器を取っていました。

ともかくクウェートに飛んで取り組んだのは、電力プラントの詳しい仕様書を詰め、発注者である現地の担当省庁の承認を得るという仕事です。

そして直面したのが、現地の手ごわい「商売人」たちとの厄介なコミュニケーションでした。

クウェートでは、取引先を「天秤にかける」ことが日常茶飯で、仕様書ひとつとっても関係者それぞれの意向を調整してまとめあげるのは、きわめて骨の折れる仕事です。最終的な承認を得るまでにはいくつものハードルがあり、現地に長く留まって働いている先輩社員たちもみな、苦戦していました。

そんな中で、まだ専門知識も不十分なまま出向いてきた私。もちろん必死に勉強していましたが、容易に追いつけそうにありません。

ならばせめて、仲良くなろう。私は取引先の担当者と会うたび、意識的に仕事以外の世間話をすることにしました。苦しまぎれ、と言うべきでしょう。趣味の話を持ち出してみたり、おすすめのレストランの話を聞いたり。仕事が思うように進まない中、人間関係でなんとかカバーしようとしていたわけです。

世界にひとつだけのスタンプ

中でも、なかなか承認が得られずにいた手ごわい相手が、サヒーブさんというイラク人の男性（クウェート社会では、クウェート人は高位高官にいることが多く、それ以下の役職にはイラク人やエジプト人の出稼ぎが多いのです）。40代後半の、立派な口髭のおじさんでした。

何度も訪問しては仕様書について説明し、要求を受け、書き直して再提出。それでも毎回いろいろな問題を指摘され、承認を得られないまま時が過ぎつつありました。私だけでなくベテラン社員も承認を得られず困っていた相手でした。

途方に暮れながらも苦しまぎれの世間話をする中で、サヒーブさんには小学校2、3年生ぐらいの一人娘がいることを知りました。家ではやさしいパパなのでしょう、話題が娘さんのことに及ぶと、強面のサヒーブさんが、顔をほころばせ、声がやさしくなるのでした。

ある日、いつものように雑談していると、サヒーブさんが「娘は絵が好きでね」と、机の上に飾ってあった、娘さんが描いたという絵を私に見せてくれました。毎日のように絵を描いている娘さんは、もうすぐ誕生日だといいます。

ふと、この絵が何かのきっかけになるのではないか、という気がしました。私はその絵を褒めてから、ふと思いついて絵のコピーを取らせてもらいました。不思議そうな表情のサヒーブさんがそのとき何を思ったかはわかりませんが、悪い気はしていないようでした。

絵のコピーを手に、日本に電話をかけました。プラント設計の仕事では、大判の仕様書に押すプロジェクトの印として、大きなスタンプをよく作っていました。私は親しくしていた下町のスタンプ屋さんに電話し、その娘さんの絵をスタンプにしてくれませんか、とお願いし、絵をＦＡＸで送りました。娘さんの名前をアラビア語で入れることも忘れませんでした。スタンプ屋さんは話を聞いて「妙な注文だなあ」と言いつつ、二つ返事で引き受けてくれました。

かわいい一人娘の描いた絵をあしらった、世界で一つだけのオリジナルのスタンプを作ってプレゼントしたら、喜ばれるのではないか。ちょっとは親しくなれるかもしれない。そんな思いでした。

スタンプができあがるのを今か今かと待ち、しばらくしてから、ようやく日本から届いた特製スタンプを持ってサヒーブさんのオフィスを訪ねました。

「なんだね、これは?」

「押してみてください」

「……これは!」

サヒーブさんは意外な贈り物に驚きつつも、喜んで受け取ってくれました。

その翌週。月曜の朝にサヒーブさんから電話がかかってきました。呼ばれてオフィスに出向くと、満面の笑みを浮かべたサヒーブさんがいました。

「この週末に娘の誕生日のパーティーをしたんだがね。イトキさんにもらったスタンプを渡したら、娘が大喜びしてくれたよ。何度も紙に押してみていた。とても良いものをもらったよ。ありがとう」

そこまで喜んでくれるとは！　と私がびっくりするほどの喜びようでした。

ひとしきりお礼を言った後、サヒーブさんはおもむろに私の仕様書を手に取りました。そして驚いたことに、「この点をこう修正すれば承認できる」とアドバイスをくれたのです。おかげで私は、先輩社員が苦戦していた相手から、承認を得ることができたのでした。

それ以来、サヒーブさんは、しばしば自宅でのパーティーに私を呼んでくれるようになりました。娘さんにも会い、直接お礼を言われました。

社内では、私のような「若造」の「門外漢」がいきなり承認を取ったことが驚かれ、ちょっとした話題になりました。ふとしたことから思いついたプレゼントでしたが、思いがけない良い結果がもたらされたのです。

そんなかたちでなんとか仕事をこなして数回の出張を繰り返し、私の担当した仕事は無事に終わりを迎えました。

最後の出張の仕事が片づき、いよいよクウェートを離れて日本に帰る日のこと。空港でまさに飛行機に乗り込もうとしていた私の前に、サヒーブさん一家が現れました。なんと、取引先業者の一介の若手社員のために、わざわざ空港まで見送りに来てくれたのです。

「ありがとう、イトキさんのことは忘れないよ」

「私も忘れません、サヒーブさん。お元気で」

飛行機がゆっくりと動き出し、次第にぼやけてくる視界の中でサヒーブさん一家が大きく手を振っているのが見えました。涙をふくのも忘れて私も手を振り続けました。

人を多面的に見るということ

クウェートでの体験は、私のひとつの原点になりました。

海外で仕事をするのは初めてで、業務領域についての専門性もなく、それまで何のなじみもなかった中東の国で、けっして自分にとって働きやすいフィールドではなかったと思います。

それでもこのような成果を得ることができたのは、私が相手をただ「交渉相手」としてとらえるのではなく、一人の「人」としてとらえ、個人対個人で向き合おうと努めた結果だろうと思います。交渉ではなかなか勝てないから、せめて人として親しくなろう、という一種の開き直りだったとも言えます。

私のしたことについて、社内では「寝技」などと言われることもありましたし、その後もそうした声を聞くことはありました。ビジネスの正攻法ではないやり方で、なんだか裏口から入るような行為だと思う人もいるのかもしれません。

しかし私がしたことは、単純に、相手を「人」として見た、ということに尽きるのではないかと思います。

人にはさまざまな面があります。ビジネスにおいて、「人」を単なる交渉相手とか、乗り越えるべきハードルとか、単なる労働力とか、単なる役職というような、無機質なとらえ方をしてしまっていることが、ないでしょうか。たとえ表面に見えているものがそうだとしても、その裏には必ず、さまざまな面を持った人間一人ひとりの姿があります。そのことを意識するだけで、表面に見えているものも違って見えてくるかもしれません。

異質に思える相手もまた、自分や自分の親しい人たちと同じ「人」であり、私たちと同様に家族を大切に思い、子どもが喜ぶと自分もうれしく、そうした気持ちを共有できる相手のことを、人として尊重し信頼する。そんなごく普通の「人」として相手をとらえて接すれば、相手との関係性は大きく違ってきます。

当たり前の話のようですが、その当たり前のことを活かさずに、相手と親しくなるチャンスをみすみす逃していることは、しばしばあるのではないでしょうか。

とりわけ、言語の違いをはじめ文化・慣習の違いがある相手と関わることになる海外勤務では、そうした傾向は強くなりがちかもしれません。海外赴任がうまくいかなかったという事例の中には、言語の壁や異文化への不適応を表面上の理由にしつつ、実は基本的な「人」への接し方に原因があったという例も少なくないのではないかと思います。

言い換えれば、その当たり前のことに気を使えば、私のスタンプの例のように、ちょっとしたことで大きな成果を得ることができるかもしれないのです。


この本では、ビジネスの相手を「人」として、さまざまな面を持った体温のある存在としてとらえることを基本スタンスとし、次章以降、その具体的な方法やノウハウ、視点や姿勢について、私自身の体験談をベースにお話ししていきます。

初めはなかなか仕事が進まず苦しんだサヒーブさんとの関係は、やがて楽しく、温かく、おまけに仕事も進み、私にとってかけがえのないものとなりました。異質なものが混じり合う海外勤務の体験の中には、人間ドラマの可能性がたくさんあります。そんな「わくわく感」をもって海外での仕事に臨んでいただければと思います。

次章でご紹介するのは、神秘の国、インドでの物語です。

第1章 現地に飛び込む

失敗からのスタート、助けてくれたのは映画だった

▼初代駐在員　▼コミュニケーション／事業企画

引き寄せられるようにインドへ

東芝からソニーへと転職し、マーケティング戦略などにかかわる仕事をしたのち、私はコンシューマー商品の海外営業部門に配属となり、まもなく海外赴任の機会がめぐってきました。

赴任先として打診されたのはインド。当時ソニーは、インドで現地の代理店を通じてオーディオ機器等を販売していましたが、自前の販売会社をつくる計画が持ち上がっていました。その立ち上げのメンバーとして現地に赴任する者が求められていたのです。

社内では手を挙げる人がいませんでした。当時は海外赴任といえばだれもがニューヨークやロンドンに行きたがり、インドという発展途上国に行きたがる人はいなかったのです。困った上司は私に、おまえ行ってくれないか、と打診してきました。

インドという国については何の興味も持っていませんでした。むしろ何も知らなかったと言ったほうがいいでしょう。それで、なんとなく赴任の話は断ってしまいました。

ところが、家に帰って妻にその話をすると、びっくりして言います。「え！　インドに

「なんでも、妻はインド独立の父、マハトマ・ガンディーをいたく尊敬していて、インドにはぜひ一度行ってみたいと思っていたそうなのです。

それで心が揺れた私は、インドを訪れた経験のある友人に電話をし、どんな国かと聞きました。話を聞いてもなんだか得体の知れないところはあるものの、おもしろそうな国だと感じてきました。

翌日上司に「行きます」と伝えると、急な心変わりに驚かれながらも、非常に喜ばれました。

こうして妻の一言をきっかけに決まったインド駐在。当時すでに子どもが3人いて、当然のように連れて行きましたが、知人からは「ずいぶん思い切った決断ですね」と言われます。しかし幸い、子どもたちは未知の国に移り住むことについて不安よりも好奇心を示してくれましたし、妻はインド生活を楽しもうと前向きに準備していました。今にして思えば、それは何か運命的なめぐり合わせだったのかもしれません。

そういえば、不思議なことがありました。赴任が決まった数日後、散歩をしていると、近くの駐車場にサリー（インドの民族衣装）をまとった女性が立っていました。どうやらインド人のようです。それまで家の近所でそんな人を見かけたことはありませんでした。

不思議なこともあるものだ、と思いましたが、これも何かの縁かもしれません。あいさつして、もうすぐインドに行くんですよと話しました。すると翌日、その女性の旦那さんから連絡がありました。近くの大学の教授でした。そして、インドについていろいろと教えてくださり、現地では大学院に行きたいと言っていた妻へのアドバイスもくれたのです。偶然にしてはできすぎている、不思議な縁でした。

ともかく私は、引き寄せられるようにして1993年11月、インドはニューデリーに乗り込んだのです。それは3年間という任期の始まりであると同時に、その後19年間、9カ国を渡り歩く波乱の海外生活の始まりでした。

「もう日本に帰ってくれ」

ニューデリーの事務所には現地採用のスタッフが4、5人。初の営業系赴任者としてやって来た私の仕事は、主に現地の製造・販売の代理店のサポートでした。

最初は上司が一緒に来て、2、3日のあいだ取引先などを回って私を紹介してくれましたが、それが一通り終わると「それじゃあ、大変だと思うけど、がんばって」と言い残し、上司は去っていきました。

同じ海外といっても東芝時代のクウェート出張とは大きく異なり、私はたった一人、そして現地の責任者として、見ず知らずの国にいました（家族は後から来ることになっていました）。

まわりは当然、インド人ばかり。漠然とした不安と寂寥感がおそってきました。ニューデリーはどこもかしこも人がいっぱいです。舗装の行き届かない道はつねにごった返して騒がしく、埃っぽい空気に覆われていました。そして少し歩くだけでも、外国人と見るや怪しげなモノを売りつけようと寄ってくる商売人がいたりします。まったく落ち着かない場所でした。

しかし不安がっていても仕方がありません。懸命に仕事をして、早く成果を上げていくことが、今できるすべてだと思いました。そうしていれば現地にもきっと慣れていけるでしょう。

私は毎日、全力で働きました。当初はインドなまりの英語がなかなか理解できずに苦しみ、手練手管に長けた交渉相手にも翻弄され、戸惑いと焦りの連続でしたが、少しずつ慣れていきました。

折しも、本社のインドに対する期待は高まっていました。インドは長らく社会主義的な経済体制を敷いていましたが、1990年に当時の大蔵大臣マンモハン・シン（現首相）が市場開放を決断して以来、外国資本の進出への厳しい規制がやわらぎつつありました。そんな中、盛田昭夫氏が「一番乗りになろう」と進出を決め、ソニーは日本のコンシューマー企業としては初めて独資で、インドに乗り出すことになったのです。

独自資本の販売会社を立ち上げ、現地に工場も建設することが決まり、私は一大プロジェクトの先鋒を担うこととなりました。

狭い販路でパイの争奪に明け暮れる仕事ではなく、会社を代表してインドの商務省や大蔵省、工業省など政府当局や関係先と折衝するなど、30代半ばという年齢にしては非常に重要な役割を任されたわけです。私のインド生活は、忙しいながらも充実したものとなりました。

無我夢中で働いて2カ月が経ったある日のこと。深く関わっている代理店の社長が、肩をいからせて私のもとにやってきました。50代半ばぐらいだったでしょうか、恰幅のいい、地元の名士のような男性です。険しい表情を浮かべた彼は、野太い声で私に詰め寄ってきました。

「どういうつもりなんだ、イトキさん」

聞けば、その数日前に私が日本の本社に送ったレポートを目にしたようです。そこには私が現地の状況を見て気づいた数々の問題点が詳しく記されていました。

「わざわざ日本から赴任してきて、われわれを助けてくれるものだと思っていたのに、何もしてくれないじゃないか。おまけに本社に告げ口しているなんて」

先にも触れたように、私の役割はもともと、主に代理店のサポートでした。が、販社の立ち上げが一大プロジェクトとなって動きはじめたため、私もそちらに割く時間が多くなっていました。代理店からはいろいろなサポートへの要求も来ていましたが、これから自前の販社を立ち上げようという中、代理店の仕事を支援することには十分な力を注いでいなかったのです。そんな私に社長は不満を募らせていたのでした。そこに加えて、現地の問題点を多数指摘したレポート。社長は、私がただ問題を本社に伝えるばかりで、親身になって協力しようとはしてくれない人だと思ってしまったのです。

「イトキさん、あなたはいったい何をしにこの国に来たんだ。もう日本に帰ってくれ！」

厳しい口調でそう言い放たれて、私はうなだれるほかありませんでした。

インドでも評判の高い企業の社員として、意気揚々と乗り込んだニューデリー。これからのビジネスの展開を思い描き、政府高官ともやり取りしながら大きな仕事をしているつもりでしたが、いちばん身近で助けなければならない代理店のスタッフとの間に、まったく信頼関係を築けていませんでした。そんな手痛い現実を突き付けられたのです。

インド映画に活路を見出す

日本企業に勤める日本人が、海外の現地法人に赴任したとき直面しがちな問題が、現地スタッフとの関係づくりです。

赴任する人は不安と緊張を感じるものですが、それは現地スタッフにとっても同じです。いったいどんな人が来るのだろうか。何を求められるのだろうか。そんな不安を抱えていることが多いようです。

それに加えて、現地には現地側の「偏見」も生じがちです。たとえば、

「どうせ日本人は自分たちとは感覚が違うから、わかってくれない」

「きっと日本のやり方を押し付けてくるのだろう」

「赴任者はせいぜい2、3年で異動する。本社の方ばかり向いているに違いない」
といったものです。

こうした偏見に沿うような行動を赴任者がとると――その片鱗をのぞかせるだけでも、「やっぱりそうか」とその見方が補強され、関係づくりはさらに難しくなります。私の場合、見事に三つ目の「本社の方ばかり向いている人」として見られてしまったのでした。

海外赴任者が直面しがちな、こうした溝を乗り越えるには、何が必要なのでしょうか。

日本に帰れとまで言われてしまい、意気消沈した私が一念発起して考えたのは、もっと現地に溶け込むようにしよう、ということでした。まずそれが何よりも大切なことだと思ったのです。そのためには――インドのことをもっと知るべきだと思いました。

もともとインドに対して特に関心を持っていなかった私ですが、興味津々の妻の影響もあり、奥深いといわれるインド文化への関心が芽生えていました。せっかく滞在するのだから、何らかの文化に造詣を深め、「インド通」になって日本に戻ろう、というひそかな決意をしました。

インド文化といってもいろいろです。寺院に行ってヨガをする、ということもしてみましたが毎日実践するのは大変でしたし、カレーは特に意識しなくてもたくさん食べることになります。私が目をつけたのは、映画でした。

初めてインド映画を観たのは、ニューデリーに到着した直後の週末でした。一人ぼっちで時間をもてあまし、ホテルの小部屋で窓の外の見知らぬ街を眺めているだけでは、不安にさいなまれるだけです。街へ出てインド映画を観てやろうと思い立ちました。それなら切符を買うだけです。

ホテルの受付で、「インド映画を観たいのですが……」とおずおずと尋ねました。外国人客の予想外の問い合わせに一瞬驚いた顔をした係員でしたが、すぐにうれしそうな表情になり、「今とても良い映画をやっていますよ。ものすごく人気です」と、映画のタイトルと映画館の場所を紙に書いてくれました。

どうにか映画館にたどり着いたところ、人気映画と言うだけあって入口の周りは人だかりです。インドの人だかりというのは本当に大変なもので、東京の満員電車の車内がそのまま広範囲に広がっているような感じです。それを押し合いへし合いかき分けて、ようやく窓口に着くと、そっけなく言われました。「もうチケットは売り切れだよ」

がっかりしましたが、ここまで来て帰るのはもったいない。勇気を出して初の「インド人との交渉」を試みました。

「私は日本から来ました。仕事で来ているのです。せっかくインドに来たのだから、とてもおもしろいと有名なインド映画を観たいのです。どうにかなりませんか?」

激しい混雑の中、ダメモトで尋ねたのですが、受付の男性は意外にも「ちょっと待て」と言い、奥の人と相談してくれました。インド映画を観たいという外国人の頼みに愛国心をくすぐられたのでしょうか、戻ってきた彼は「OK、中に入れ」と、閉じていた重い鉄の門を開けてくれたのです。

こうして、中に入れずたむろしているインド人の好奇と羨望のまなざしの中、私は意気揚々と映画館に入場し、人生初のインド映画を観ることになったのです。

その後の4時間、週末の家族づれで蒸し返す満席の映画館で、インド映画の中でも特に名作との誉れ高い長編『ハム・アプケ・ヘ・コン』(Hum Aapke Hain Koun..!)を観ました。もちろん言葉はヒンディー語ですからわかりませんが、荒唐無稽ながらわかりやすいストーリーラインと騒々しく反応する聴衆に助けられて、楽しく初のインド映画を堪能することができました。

作品の中に描かれた、初めて目にするインドの因習や文化的背景もおもしろかったのですが、何よりも主人公の女優、マデューリ・ディクシットの美しさに大いに魅了されてしまいました。インドのいわゆる「ボリウッド」映画界において、当時最高の女優の一人と言われていたディクシット。卓越した演技力に加えて、インド映画に付き物のダンスもすばらしい、まさに国民的な女優だったのです。

日本に帰れと言われ、現地志向の姿勢が足りなかったと反省した後、マデューリ・ディクシットの美しさを思い出しました。あの代理店の社長は、ディクシットの映画を観たことがあるだろうか。そんな話をしたら、もう少し親しくなれるだろうか。

「よし、インド文化の理解にもなるし、彼女の映画を全部観てみよう」

私はそう決意しました。なんとも単純な話に思われそうですが、そのときインドという得体の知れない巨像をつかむ「取っ手」みたいなものを見つけた気がしました。

新たなビジネスの種

赴任当初は一人で暮らしていた私ですが、やがて妻と幼い子ども3人も合流。食べ物、停電、衛生と気を使うことは多くありましたが、子ども好きで面倒見の良いインド人のお手伝いさんたちにも支えられ、楽しい生活が始まりました。

家族が異国での生活に前向きだったことは私にとって大きな幸いでした。長男は日本人学校の小学校1年生。長女はアメリカンスクールの幼稚園。次男はアメリカンスクールと現地の幼稚園に通うことになりました。それまで勤めていた会社を辞めて赴任に付き合ってくれた妻は、半年後にはニューデリー大学の大学院に入ることができて応用数学を学びはじめ（赴任期間中にどうにか修士号を取得）、現地に溶け込んだ生活を楽しむようになりました。

そして東奔西走の甲斐あって、独資の販売会社も無事に立ち上がりました。

私は仕事の傍ら、時間を見つけてはインド映画を観ていました。マデューリ・ディクシットの主演作はじめ数多くの映画を観る中で、インドの社会や文化的背景への理解が深まっていきました。仕事でかかわる相手とも積極的に映画の話。おすすめの作品を教えてもらい、それを観て、次に会ったとき感想を伝えるだけでも、相手との距離がぐっと近づくような気がしました。そして例の代理店の社長とも、楽しく映画の話ができるようになりました。

自宅でも頻繁に「上映会」をしました。使用人のインド人スタッフも交えて、家族皆でビデオを観るのです。ヒンディー語は相変わらずわかりませんでしたが、どの映画もストーリーはわかりやすいものでしたし、わからない点は使用人たちが教えてくれます。一緒に映画を観ることを通して、使用人たちとの関係もより親密なものになっていきました。

こうして着任1年後には、私はすっかり「インド映画通」になっていました。

タクシーに乗っても運転手と映画の話で盛り上がり、「よく知っているねえ」と喜ばれます。職場のインド人社員の間でも、私の映画好きは有名になっていました。そうなると彼らはインド人特有の、遠慮のない親切心を発揮します。「この映画、まだ観ていないんですか?」「イトキさん、この映画は絶対に観なければだめですよ!」などと、次々におすすめ作品を教えてくれました。そんな義務感すら覚える親切な紹介のおかげもあって、年間50作品ぐらいのインド映画を観ることになりました。

このくらい観ていると、映画に描かれたインドの社会、文化、慣習も一通り理解できますし、同僚だけでなく取引先の人々とも映画話に花を咲かせることができます。まだ30代半ばで、インド人にとっては軽んじられるような年齢でしたが、取引先からは「あの日本人はちょっと違う」と一目置いてもらえたようでした。

そのような折、東京の事業部で「ビデオＣＤ」のプレーヤーを各国で発売するという話が持ち上がっていました。

ビデオＣＤとは、ＤＶＤが誕生する前にごく短期間存在した、映像メディアのフォーマットです。ＶＨＳよりは高品質で、レーザーディスクよりは廉価ということで、主にアジア地域で普及したものです。当時、香港、台湾、シンガポールなどの国々ではコンテンツがある程度出回っていたため、それらの国でビデオＣＤのプレーヤーを発売するのは良いタイミングと思われました。

ところが、インドでは、ビデオＣＤフォーマットのコンテンツはまだ発売されていませんでした。そのためアジアの中でもインド市場でだけは、プレーヤーの発売を見送るという方針が決まりかけていたのです。

それを知って、私はすぐに上司に訴えました。

「インド映画こそビデオＣＤに向いています。インドでも発売するべきです！」

インド映画には通常、一作品に10曲ほど音楽が入っています。インド人にとっての映画は、音楽とセットで楽しむものなのです。当時の音楽のヒットチャートはそうした映画作品中の楽曲によって占められているほどでした。そしてビデオCDは、それまでのメディアであるテープと異なりインタラクティブで、ダイレクト・アクセスという特徴をもっています。作品を最初からずっと見続けなくても、ある場面からある場面へと間を飛ばして再生できるということです。つまり、聴きたい音楽の流れる場面をすぐに再生できるのです。これは音楽好きのインド人にとても重宝されると思いました。

勢い込んでそう提案しましたが、上司や事業部の意見は、「そうはいっても、コンテンツがない以上、プレーヤーだけ発売しても無駄じゃないか」というものでした。たしかにその通りです。そこで私は言いました。

「ならば、私たちでコンテンツも作りましょう。ソニーでビデオCDを作って売り出しましょう！」

当然ながら問いが飛んできます。「作る？　どうやって？　当てがあるのか？」

若気の至りというのはこのことです。自他ともに認めるインド映画好きの私は、勢いまかせに言ってしまいました。「私が作ります！」

ソニーはグループ内に映画会社を持っていたとはいえ、エレクトロニクスの部門で、それも一介の中小販社が、コンテンツの制作をするなどという例は当時ありませんでした。ましてや素人にできるものか、というのが自然な反応でした。

そのうえ、インド映画の版権の仕組みはとても複雑で、お金があったとしても版権を取得することさえ難しいと考えられました。仮に版権を取れたとしても、映像編集、エンコーディング・プログラミング、映倫や当局の許可など、電気製品のビジネスとはまったく異なる技術と知見が必要だったのです。

しかし、私の向こう見ずの熱意とインド映画に関する知識は、まず直属の上司である販社の社長を動かしました。彼はとても寛大で、チャレンジが好きな人でした。

「そうか、糸木が自分で作るか。ダメモトでやらせてみるか。インド映画好きの君がそう言うなら……」

半信半疑ながら社長の承認を得て、幾ばくかの予算をもらえました。それではまだ十分でないので地域拠点のマーケティングマネジャーにも相談したところ、その方も「おもしろそうだ、その意気に感じた!」と、わざわざ出張先から承認の連絡をくれ、若干の予算まで用意してくれました。

こうして地域拠点や本社の事業部からも認定されて、とはいえ私の情熱ばかりで当てのない「プロジェクト」が始動してしまったのです。

事態はまるで映画のように

当初、本当に何の当てもありませんでした。しかし、救いの手は伸びてきました。インド人社員が「インド映画をビデオCD化する」という私の挑戦にたいへん意気を感じ、多くの情報や伝手を探して、協力してくれたのです。

そうはいっても、版権取得の話は簡単にはいかず、断られたり、良いコンテンツがなかったり、試行錯誤を繰り返しました。プレーヤーを発売するなら、その時点で少なくとも十数本はビデオCDのコンテンツがそろっていなければなりません。しかし1作品の版権も得られないまま時間は過ぎ、大いに焦燥感が募ってきました。

そんなある日、社員から「ムンバイにある大手の版権元が関心を示してくれました！」と情報が入りました。さっそく私はインド人社員を連れてデリーからムンバイに飛び、その会社の担当者と面会しました。

相手はでっぷりと太った気難しそうな中年のインド人で、まるで『スター・ウォーズ』に出てくるジャバ・ザ・ハットのような威圧感がありました。そんなインド人と若い日本人では交渉になりそうもありません。が、情熱とは勇気を与えてくれるものです。どっしり構えたそのインド人の前で、私は威勢よく、ビデオCDがインド映画に適した新フォーマットであること、将来訪れるであろうＤＶＤ時代に向けた良い布石や実験になることなど、説明を始めました。

彼からは意地の悪い質問がいくつも飛んできましたが、ひるまず答え続けました。質問の内容は、技術的なことからビジネス上の検討点、また選択すべき映画作品にも及びました。そうした話の中で彼は、私のインド映画の知識が生半可でないことに気付いたようです。途中から態度が変わって私の話をよく聞いてくれ、また「将来はビデオCDのようなフォーマットが主流になっていくのだろう」と理解を示してくれたのです。

結局、扇風機のまわる蒸し暑い彼の古びたオフィスで2時間近い説明を続けたところ、実験的に50本ほどの名作映画の版権を提供してもいい、という話になりました。

私は飛び上がって喜びたい気持ちを必死に抑えました。

なぜなら真の難関は、価格交渉だからです。インド人との交渉は、それまでうまくいったとしても、条件面になると途端に厳しくなるのが常。ここはインド人社員にヒンディー語で交渉してもらうのがベストと考え、彼らに任せることにしました。

どうなっているのかと双方の顔色をうかがいつつ待つこと半時間、それまで険しい表情だった両者に笑顔が戻り、立ち上がって握手をしました。どうやら話が決着したようです。社員が寄ってきて言いました。

「イトキさん、うまくまとまりました！」

「で、どんな条件？」

「ラッキーですよ。彼はタダでいいと言っています」

「えっ⁉　タダ？」私は信じられませんでした。「おかしいよ、何か変な条件があるだろう⁉」

「ええ、条件はあります。彼のブランドのロゴを、ビデオCDのどこかにつけてくれ、ということです」

「……それだけ？」

「はい。それだけです」

「？」私にはまだ事態が飲み込めません。

「彼は、このディスク媒体が将来主流となると考えて、自らそのトライアルをしたいと考えてくれたんですよ」

「なるほど。だけど、タダとはねえ……」

「それに」と社員は付け加えました。「彼は、イトキさんの情熱に心底、感激したと言っています。外国人なのに、このビジネスのために多くのインド映画を観て研究しているとは驚きだ、と。それで賭けてみる気になったそうです」

「そうか……」

感激したのは私のほうでした。映画はインド文化の理解のためにと自分の趣味で観ていたわけで、別にこのビジネスのために観てきたのではないのですから。

そんな美しき誤解があったにせよ、ともかく、ありがたいことに一気に優良コンテンツがこの手に流れ込んできたのでした。しかもタダで。

現地文化への理解が身を助ける

さて、ビデオCDを制作するためには、エンコーディングというプログラミング作業が必要です。今ではパソコンでできる作業ですが、1995年当時は東京本社で大規模な設備を使ってしかできませんでした。

そこで、版権元からタダで譲り受けた大きなオリジナルテープを何本も抱えて東京本社に行き、エンコーディングと操作のプログラミング、マスターCDの制作を依頼しました。しかし、社内で頼むとはいえ、そういう作業は有料です。その金額は私たちの予算を超えていました。「インドでのコンテンツ普及」という大義を掲げて交渉をしてみましたが、マンパワーがかかるのでなかなか金額は下がりません。

それでもこれまでの苦労を説明して食い下がっていると、最後は「営業の人が一機種の導入のためにそこまでやると言うなら」と熱意にほだされたかたちで、「じゃあ、あんたが一緒にプログラムを開発するなら半額にしよう」と譲歩してくれました。やった！

今度も自分がプログラムを開発できる当てはありませんでしたが、インドにいる上司をどうにか説得して東京滞在許可を取り、作業を開始しました。

上司から与えられた時間は2週間。その間に映画を見て、どのシーンの何フレームにチャプターをつけるか、どこに戻るか、メニュー画面はどうするかなどを確定させ、それをプログラム化して試作品を作り、操作性と画質を検証して改善を重ねるなどという地道な作業を、映画一本ごとに行わなければなりません。手間暇がかかる作業で、しかもそれを素人がやっているわけですから、失敗の繰り返しでした。２週間で何本できるか、それが勝負でした。

ほとんど徹夜続きで作業して、２週間で完成できたのは版権を得ていた50本中どうにか12本。メニュー画面を設け、チャプターごとの再生や楽曲ごとの再生ができるほか、曲に合わせて歌って楽しめるようにヒンディー語の歌詞の字幕もつけた労作です。

残りの作業はインド人スタッフに任せて、私はその12本をインドに持ち帰り、国内で大量にプレスしました。売り出すためにはジャケット（パッケージ）も要りますが、そのデザインにかける予算もなかったので、自分で画像編集ソフトを使って制作。無我夢中でした。

こうして、私自身の手によってインド初のビデオＣＤができあがり、プレーヤーとともに正式に発売されました。

初めて売り出された製品であり、かつインドで人気のある名作映画のコンテンツがそろっているということで大いに注目を浴び、その後あまた現れるインド映画のビデオＣＤの呼び水となりました。少しばかり誇りに思うのは、他社から出てきたビデオＣＤのほとんどは、私の作ったメニュー画面のフォーマットを踏襲していたことです。

その数年後にはＤＶＤフォーマットが確立し、ビデオＣＤは過渡期のものとして消えていきましたが、ビデオＣＤで経験を積んでいた件の版権元などは、他社に先駆けてＤＶＤへと移行し成功を収めたようです。

このとき関わってくれたインド人たちとは、いまだに交流があります。当時のインド人社員からは今でもしばしばインド映画の情報が届くのです。

そして、このとき作成したビデオＣＤの何枚かは今でも私の手元にあります。

それは最初の赴任地で成し遂げた仕事の結晶であり、そして何よりも、私に現地の文化に根差して仕事をすることの意味を教えてくれた一連の出来事の象徴でもあります。

まったく、これは着任直後の不安の中でのインド映画との出会いのおかげでした。あのとき良い映画だと勧めてくれたホテルの係員、売り切れだったにもかかわらず特別に入らせてくれたチケット窓口の担当者、映画の話を喜んでくれたタクシー運転手や販売店の店主たち、押し付けがましいほど親切に幾つもの作品を紹介してくれたインド人社員、名作の版権をタダで提供してくれた版権元、そして「帰れ」と怒って私の目を覚まさせてくれた代理店の社長……。

そのどれが欠けても、この展開はなかったでしょう。そして、そのいずれの背景にもあったのは、外国人が自分たちの文化に関心と敬意を示すことに対する、現地の人々のごく当たり前の喜びだったのではないかと思います。

こうして私は最初の赴任地で、現地の文化を尊重し理解しようとすること、それが自分の仕事をいろいろな形で支えてくれるのだということを、漠然と感じはじめたのです。

肯定できなくても尊重はできる

文化といえば、インドには有名な「カースト」が今なお存在します。ヒンドゥー教における身分制度で、生まれながらにして人を幾つもの階級に分けるものです。差別の形態の一つとして西洋では悪名高いものでもあります。

こうした文化に触れたとき、私たちはどう振る舞えばいいのでしょうか。いかに「現地の文化を尊重し理解する」といっても、私たちから見れば明らかに間違っている、不正義だと思わざるを得ない文化・慣習が現地にあるとしたら？

私自身、インドに滞在している間、カーストによる序列が厳然と存在することをたびたび目にしました。たとえば多くの企業では、カーストを飛び越える形で昇進させることはタブーとされていました。カーストの低い人は、どんなに能力があっても、カーストの高い人より上役になることはないのです。そんなインド企業は今でもあるようです。

私はカースト制自体をよいものとは思いません。が、それを根強く保とうとしている現地の人々の感覚を理解することは大切だと感じています。滞在中、「なぜインドの人たちは今でもカーストにこだわるの？」という私の問いに対し、あるインド人男性はこう答えてくれました。「イトキさん、あなたは浴室にある風呂桶を食卓に置きますか？　どんなにきれいに洗ってあっても、風呂桶にサラダが盛られていたら、どう思いますか？」

彼の言いたいことはこうです。インド人にとってカーストは、食卓には食器を置くもので、たとえどんなに洗っていても風呂桶は置かない、というのと同じくらい当たり前の、「ものが本来あるべき場所にある」感覚なのだと。カーストの序列に反することは、まさに「風呂桶にサラダが盛られて食卓に置かれている」ような感覚になるのだというのです。

だからといってその論に賛成する気はありませんが、私は彼らの感覚をなんとなく理解できたように感じました。そして、そうした人々の感覚を、肯定はできなくても尊重することはできるのだ、ということにも気づいたのです。

現地で立ち上がった工場での出来事です。ソニーでは従業員皆で職場を清掃することが日課となっているのですが、インド人の社員たちにとっては、掃除は自分よりもカーストの低い者がするべきこと。さあ掃除をしようと呼びかけても、みな戸惑いの表情を浮かべるばかりで動きません。それならば、とその場で最も高い地位にある日本人の工場長が自ら掃除を始めたことで、社員たちはしぶしぶ動きはじめたのでした。しかしある日、会社の広報の人が来て、掃除の場面をビデオで撮ることになったところ、皆慌ててこう懇願してきました。

「会社の方針を尊重して、私たちも掃除をします。ただし、ビデオには撮らないでください。社外の人には、私が掃除をしているなんて知られたくないのです……恥ですから」

彼らの根深い感覚に驚き、要求通り撮影はなしにしてもらいました。会社としての方針を貫きつつ、彼らの文化的背景も尊重したのです。

現地の文化を尊重するということは、何もそのすべてを肯定することではありません。

世界は多様性に満ちており、さまざまな「違い」は厳然として存在します。私たちのできること、するべきことは、その「違い」を無視するのではなく、ありのままを認識し、「違い」を壁や溝にするのではなく相互理解の入り口とし、可能であれば、「違い」をポジティブな方向に活かすことです。次章ではそれについてお話ししましょう。

この章のポイント——現地に飛び込む

- 海外での仕事は現地を知り、現地に根ざすことから始まる。
- 現地のやり方・考え方を尊重し、敬意をもって接することが大切。
- 現地の社員やビジネスパートナーとの関係を深める上で「文化」はよい入り口になる。
- 現地文化に親しめば新たな発見がある。それは仕事上の展開にもつながり得る。
- 時には違和感を覚えることもあって当然。それでも尊重することは心がけるべき。

第2章

「違い」を活かす

わかったと思うと裏切られ…外国人としての強みとは

▼管理職（事務所長）　▼現地事務所マネジメント

イスタンブールから東へ西へ

多くの学びのあったインドでの3年半の赴任を終え、1997年の夏、私は家族とともに二つ目の赴任地トルコに移りました。滞在したイスタンブールはアジアとヨーロッパの中間に位置し、東西文化の混交するエキゾチックな町。かつて東ローマ帝国の時代にはコンスタンティノープルとして栄えた歴史ある町で、現在の人口は1350万人、東京都（1323万人）とほぼ同じ規模の巨大都市です。

といっても私の仕事はトルコ国内のビジネスではなく、イスタンブールを拠点に、東は中央アジア十数カ国、西はバルカン半島（東欧）各国でのビジネスを育成することでした。そのため仕事でトルコ国内にいることは少なく、中国国境に近いカザフスタンやウズベキスタンに行ったかと思えば、カスピ海沿岸のグルジアの事務所を訪問し、次いで黒海を超えて東欧ルーマニアへ、というように各地を飛び回る日々でした。

中央アジアの定義はいろいろですが、一般に、カザフスタン、キルギス、タジキスタン、トルクメニスタン、ウズベキスタンを中央アジア5カ国と呼びます（これに中国の新疆ウイグル自治区やモンゴル、チベット、アフガニスタン、イラン北東部などを加えたより広域を指す概念としても使われるようです）。私がトルコを拠点に関わったのはこれら5カ国のほか、モルドバ、ルーマニア、黒海沿岸の南東欧、いわゆるバルカン諸国でした。

中央アジア5カ国はいずれも旧ソ連圏。交通ひとつとっても各所に検問があるなどソ連的・ロシア的な雰囲気は残っていましたが、町に入れば人々はとてもあたたかく、日本人に対しても総じて友好的で、差別することなく接してくれます。カザフスタン最大の都市アルマアタ（アルマトイ）は、中世にはシルクロードの要衝として栄えた町。中国との国境に近く、世界遺産である天山山脈を臨む風光明媚な土地柄です。空気がすがすがしく気分よく過ごせるのですが、買い物などをしてみるとそこは旧共産主義国のなごりでしょう、顧客志向のようなものはなかなか感じられません。

カザフスタンなどの5カ国が日本人にもどことなく近く感じられる「アジア」の雰囲気をたたえているのに対し、東欧のバルカン諸国は「ヨーロッパの片田舎」という雰囲気。たとえばルーマニアは、中世の頃は印象派の画家を多数輩出するなど文化的に栄えた地域でしたが、やがてオスマン・トルコ帝国の支配下に置かれ、戦後はソ連の侵攻を受けて共産圏に組み入れられた国が多く、人々は息苦しい暮らしをしなければなりませんでした。

そのため西欧と比べまだまだ貧しい地域となっています。それでも人々には元来ラテン的な性質があるのでしょう、仕事をしていてもユーモアやサービス精神を感じることはよくありました。

もちろん、ひと口に中央アジアや東欧といっても、もっと近づいてみると驚くほど多種多様であることがわかります。言語はロシア語や、トルコ語に近いカザフ語やウズベキ語とラテン語に近いルーマニア語とでは大きな違いがあり、宗教もイスラム教とキリスト教、その中でもルーマニア正教、ロシア正教、ブルガリア正教などさまざまに入り交じっています。同じ旧ソ連国であっても多くの違いがありますし、かつてユーゴスラビアとして一つにまとまっていた地域も中身はバラバラなのだということも現地と関わってみて痛感しました。

図2は私が赴任したうち7つの国の国民性とコミュニケーションの取り方の特徴を私見にもとづき比較してみたものです。同じ東欧でも、ルーマニアではチャウシェスクの独裁政権下で味わった苦難のためか、人々にどこかスネたような、斜に構えるような気質があるように感じましたが、ハンガリーはかつてオーストリア＝ハンガリー二重帝国を形成した支配者側の歴史もあったためか、愛国心とプライドの高さをしばしば感じました。

図２　国民性の一面とコミュニケーションの特徴

	国民性の一面	コミュニケーションの特徴
イギリス	裏表あり。隠喩好き、形式は大切 機微を理解、親しくなると関係が続く 大陸欧州とは違うという認識	レトリック・オブラート
オランダ	オープン、カジュアル、権威嫌い 個人主義、超プラクティカルで倹約家 人種差別少？	シンプル＋ソフト
トルコ	シンプルで熱い、仕事でも怒り・泣く 知り合い・友達・家族の差、 親日的	＋スキンシップ チャイを飲んで親しむ
ルーマニア	東欧のラテン系 もともとは芸術大国 親日的	英語力あり
インド	階層差大だがカースト制度で社会安定 人・モノの値段は安い が代償のコストも	自己主張、難解 22の公用語があるが 英語が一番よく通じた 多く語ることが美徳
ベトナム	外見は気にしないが 高いものは良いとの思考 食事が重要、内に秘めた愛国心	反応少いが感覚鋭敏で よくわかっている 周囲の考えを察する
韓国	人に負けるなと育てられる 強い「ウリ」意識 階層差・世代差大 立場に応じた外見、身だしなみ、 ステータスが大切 酒と食事は重要	感覚近い、空気読む オフで腹割りわかり合う

それぞれに価値観、発想、慣習が違い、
異なる観点でモノを見て、話す。

もちろん、こうした性質には個人ごとの違いもありますし、その時々の社会状況の影響もあるでしょうが、全体的な傾向というものは確かに存在します。あまりステレオタイプにとらわれてはいけませんが、一方でこうした傾向を知っておくことで、現地でのコミュニケーションがスムーズになったり、不安が軽減されたりもします。

地域ごとのカスタマイズが必要不可欠

人々の価値観、習慣、気質の違いは、仕事のやり方にも大きく関わってきます。同じような施策をとっても、国や地域によって効果の度合いがまったく違ったりするのです。

販売業者の方々を集めてソニー製品を紹介するイベントを、ルーマニアのブカレストで開催したときのことです。人気の高い日本食を含むディナーをセットにしたためもあってか、参加希望が予想以上に多く、抽選によって参加者を絞ったものの、選にもれた業者の方々からクレームが寄せられるほどでした。これはきっと盛り上がるに違いありません。

私の期待どおり、イベント当日、会場は和気あいあいとした雰囲気に包まれ、メーカーが販売業者に一方的にプレゼンテーションをして終わりのイベントではなく、実にインタラクティブな場となりました。その後のルーマニアにおけるビジネス展開にも好影響をもたらしたことは言うまでもありません。

イベント後のディナーも盛り上がりました。さすがはラテンの血を引くルーマニア人。ちょっとスネたところのある国民性ではありますが、根っこはノリがいいのです。商品の紹介を同僚とともに寸劇のかたちでやったりすると大いに盛り上がります。次から次へとバーベキューが焼かれ、寿司の屋台には長蛇の列ができました。結局、深夜まで大騒ぎが続き、終わったときには社員がみな疲れ切っていたほどでした。

くたくたにはなりましたが大盛況に気をよくし、私は他の地方でも同様のイベントを開催することにしました。そしてカスピ海の西岸、アゼルバイジャンの首都バクーでの実施が決まりました。ブカレストでの実績を「地域の販売業者との関係強化の良策」としてアピールした結果、東京や欧州本社からも視察者がやってきました。業者への案内や準備にも力が入ります。

そして迎えたイベント当日。なんと開始時刻になってもなかなか人が集まりません。閑散とした会場の中、イベントが始まりましたが、出席者たちは皆、しけた顔。インタラクティブな盛り上がりなど見られないまま終了し、ディナーも知った顔同士で集まりかすかに談笑するのみ。一通りの食事が終わると三々五々帰っていきました。東京や欧州本社から来てくれたゲストの前でブカレストでの盛り上がりを喧伝していた私は恐縮するばかり。まさに冷や汗が出る体験でした。

このときの反応の大きな違いは、決してビジネスの状況によるものではなかったと思います。むしろ当時は中央アジアの市場はルーマニアよりも規模として大きかったのです。人々の性格や慣習の違いが大きく影響したのでしょうし、それを十分に汲むことができていなかった私の日頃の人間関係も影響したのだと思います。

同じ会社の同じようなイベントやキャンペーンを行うにしても、それぞれの土地に根差した価値観や習慣、人々の気質をよく考えてカスタマイズすることが重要だと痛感したのでした。

「医者では食べていけません」

また、それぞれの社会の状況をよく知り、考慮することも重要です。当たり前と思われるかもしれませんが、これが案外難しいのです。同じような業種、職種、仕事内容でも、その社会的なイメージや置かれた状況は日本国内とは大きく異なる場合がありますし、とりわけ旧社会主義国など、社会・経済が日本や欧米とはまったく異なる原理で動かされていた国々では、私たちには思いもよらない社会状況が存在したりもするのです。

トルコを起点にあちこち動き回っていた頃、ウズベキスタンの事務所で人員を一人増やすことにしました。面接の結果、採用したのは20代後半の女性でした。英語が上手で、質問に対する答えも明確、たいへん聡明な人でした。

この女性、前職は何かというと、お医者さんでした。外科医だと言うのです。

そのことを知って私はたいへん驚き、どうして応募してきたのかと面接で聞きました。すると、エレクトロニクス製品のビジネスは今後成長が期待できるからというのが一つの理由でしたが、もう一つの大きな理由としてこう言いました。

「医者は給料が低くて、生活が苦しいのです」

聞けば、当時、公立病院での給与は月100ドルほどだそうです。それでは生活していけないので、多くの医師は患者から賄賂をもらって、それを条件に良い治療や薬を処方しているようでした。

高等教育を受けて専門的な技術を身につけてもこのような状況なのか、と驚きました。

社会主義時代の負の遺産と言うべきかもしれません。

その女性はさすがに優秀で、きっちりと仕事をしてくれて大いに助かりましたが、各国の社会・経済の状況には日本人にとっては想像もつかないような面も多々あるものだと思ったのでした。


あちこち飛び回って落ち着かないトルコでの日々でしたが、インドに比べれば物はあふれ、海産物も豊富で、生活はずっと楽でした。長男と次男は日本人学校に、長女はインターナショナルスクールに通って楽しく過ごしているようでしたし、妻はアンカラ大学の語学専修コースに通い、滞在後半にはトルコ語で日常会話をこなすようになりました。

トルコ人はもともと情に厚くて人懐っこく、そして日本人には特に親切でした（歴史的に日本とトルコは友好関係にあるのです）。また非常に愛国心の強い人々で、EUになかなか入れないために西欧に対してややフラストレーションを抱いているようでした。そのため、妻のようにトルコ語を話せる外国人、特に日本人には非常に好意的で、レストランや買い物に行くたびに妻は歓待され、おまけやサービスが必ず付いてきました。そして「奥さんはこんなにトルコ語が上手なのに、後ろにいるダンナはなぜ話せないんだ。奥さん、教えてあげなさい」などと言われ、当惑することもしばしばでした。

こうして忙しくも楽しいトルコでの生活が2年を超えた頃、ルーマニアでのビジネスに成長の兆しが見えてきました。そして私は、ルーマニアに駐在して同国とその周辺諸国での事業育成に取り組むよう、異動の指示を受けたのです。トルコになじんだ妻は名残惜しかったようですが、1999年の12月、雪のクリスマスの日に、私たち一家は凍えるブカレストへと移りました。

教えてください、というスタンスで

ルーマニアは東欧の南東端、黒海に面した土地。国の名前には「ローマ人の国」という意味が含まれています。言葉もイタリア語と6、7割は共通しているのだとか。紀元数世紀ごろにローマ軍が押し寄せ、比較的温暖なこの地に落ち着いて現地のスラブ系民族トラキア人と交わって生まれたのがルーマニア人なのです。そのためスラブ系民族の特徴とラテン系民族のそれとが融合しており、周囲の国とは身体的にもやや異なっています。ちょっと小柄で、ラテン系の気質をわずかに備えていると言えばよいでしょうか。ほかのスラブ諸国の人々よりも根は人懐っこく、明るい感じです。一方で、共産主義政権の時代にニコラ・チャウシェスクによる圧政と相互監視社会、そしてひもじい経済が続いた直後だったためか、当時はややひねて、他人をねたみやすい気質もあったように思います。

そんなルーマニア人たちとの3年間。はじめは外来者に対してよそよそしく、とっつきにくい人たちだと感じたものですが、気心が知れてからは、とても温かい、他人思いの気質に魅せられるようになりました。

ブカレストの事務所には20人弱のルーマニア人スタッフがいて、国内および周辺国の販売店のサポート業務を担っていました。私の仕事は、マネジャーとして彼らを統括し、事業の拡大・成長の指揮を執ることでした。

役割がマネジメントに近づくということは、それだけ「人」との関係や接し方が仕事の成否を左右するということだと思います。自分ひとりのアイデアや行動力で新商品を開発したりモノを売ったりするのとは異なり、まわりの人たちといかに良い関係を築き、いかに動いてもらうかが重要になるのです。しかもそれを異国の地で、文化的背景の異なる人々に対して行うわけですから、赴任者にはそれなりの心構えや工夫が求められます。

そこで私がとったのは、「何でも教えてもらいたい」というスタンスでした。ルーマニアのことはルーマニア人の社員がよく知っています。現地のオフィスにはじめて出社した日、どんな日本人のボスが現れるのかと気をもんでいたに違いない社員たちに向かって私は、自分はルーマニアでのビジネスについて知らないことがとても多い、何でも質問するからぜひいろいろと教えてほしいとお願いしました。

なんとも低姿勢な、上司らしからぬ態度だと思われる方もいるかもしれません。特に発展途上国の現地スタッフをマネジメントする上では、厳しく「指導」する姿勢を重要と考える方もいるでしょう。しかし、私は「現地に学ぶ」スタンスを現地スタッフに対してもはっきり示すことが、きわめて重要だと考えています。それは現地の人たちに対して虚勢を張らずに本音でオープンに接するということですし、現に知らないことが多いのですから謙虚に学ぶということです。

もちろん、これは常に受動的という意味ではありません。自分が持つ商品知識やマーチャンダイジング、マーケティングのノウハウを現地に合うかたちで説明し、適用し、効果的に実践するためにも、こうした姿勢は不可欠だったのです。

上司がつねに正しい方針を持っていて部下は命令されたとおりに動くだけ、というような軍隊的なマネジメントは、今日ではなかなか通用しなくなっています。それは日本国内だけでなく海外でも同様です。すでに圧倒的にブランド力や競争力のある商品があり、それをただ売りさばくだけ、という状況ならばまだしも、現地の価値観、慣習、社会状況に合わせてビジネスをカスタマイズして展開したり、現地にひそむニーズを新たに掘り起こしたりすることが求められる現代においては、「現地に学ぶ」姿勢がなければ、うまくいくはずがないのです。

インドで一度は「日本に帰れ」とまで言われ、しかし映画を通じて文化の理解に努めたからこそ現地スタッフとうまく折り合うことができたと感じていた私は、何もかも自分がわかっているという態度でふるまって現地の実状から乖離してしまうような赴任者には、決してなるまいと誓っていました。だから社員たちに、着任したその日に「何でも教えてください」とお願いしたのです。

どうやらこの日本人は一方的に厳しい命令を浴びせてくるタイプの上司ではないようだと思ったのでしょう、社員たちはほっとしたような表情を浮かべ、比較的スムーズに打ち解けることができました。

ともかく、そのようにして私は現地での仕事をスタートしたのです。

チョルバ・デ・ブルタに魅せられて

さて、その国の人たちとの関係づくりにあたって、現地の文化に親しむことが良い手掛かりになるのは先のインドでの経験からわかっていました。ルーマニアにはトルコ駐在時代にもたびたび訪れていましたが、居を据えてから本格的にこの国の文化を知ろうと決意。私はたちまちルーマニア文化にのめり込んでいきました。

ルーマニアは隠れた芸術大国です。かつては高名な詩人、彫刻家、音楽家、画家などを多数輩出していました。中でも私が魅せられたのは、グレゴリスクというルーマニアを代表する画家の作品です。

しばらくしてあるビジネスパートナーの経営者と話をした際、お互いにグレゴリスクのファンであることがわかり意気投合しました。以来、一緒に美術館に行ったり、画家の生家を訪ねたりと交友関係が生まれ、やがては仕事にも役立ちました。そのパートナー企業はもともとソニーのライバル会社の系列だったのですが、やがてソニーびいきになってくれて、専門の販売店までオープンしてくれたのです。

そんなビジネス上の良い効果もあった美術鑑賞でしたが、社員との関係づくりに一番役立ったのは、食べ物でした。

赴任して間もない頃に現地社員にすすめられて食した、チョルバ・デ・ブルタという料理があります。牛の内臓を煮込んだ、こってりとしたスープです。二日酔いの朝にはテキメンに効くといって多くのルーマニア人が自慢する民族料理。ニンニク、酢、トウガラシなどで味付けされており、こってり感と酸味のバランスが絶妙で、それゆえに店ごとにわずかに味が異なります。

私はこのスープがたいへん気に入って、店ごとに味が微妙に違うのもおもしろく、あちこちの店で味わってみてはノートに記録までつけました。社員やビジネスパートナーと食事する機会があれば毎回のように「チョルバ・デ・ブルタにしよう」。どこへ行っても味わいたがるので、社員はもとよりビジネスパートナーの間でも有名になり、「この店のチョルバ・デ・ブルタはおいしいから一度行ってみてください」「あの地域はこの料理で有名だから一緒に行ってみましょう」「こんど自宅に招待するから自家製を味わってくれ」などなど、大いに話題になりました。

ちなみに「チョルバ」はトルコ語で「スープ」の意味で、もともとはペルシャ語に起源のある言葉だそうです。ルーマニアは中世にはハプスブルク家のハンガリー王国領に、15

〜18世紀にかけてはオスマン帝国領になった歴史があり、そのため料理にはトルコ料理やハンガリー料理の影響が見られるようです。料理は文化の一部。チョルバ・デ・ブルタに限らずさまざまな料理を食べ、語らい、その由来や歴史も学ぶことで、現地の人たちとの距離はぐっと縮まっていきました。

このように、食文化を通じて現地の人たちとの関係をつくるのは、楽しみながらできることですから、ぜひ試してみていただきたいと思います。その土地の人々だれもが知っている庶民的な食べ物、いわば「B級グルメ」の領域に目を向けるのが特に有効だと感じます。好みは人それぞれですが、私にとってのチョルバ・デ・ブルタのように、自分の好みに合うものを意識的に探すことが大切でしょう。

それが見つかったら、ただ頻繁に食べるというだけでなく、それについての知識をつけることです。たとえば日本で、ラーメンが好きでいろいろな店を知っている外国人がいて、「あの店のスープには隠し味として鰹のダシが使われています。だからコクが深いのです」なんて言われたら、きっと皆さん驚くでしょう。親しみを感じ、もっと話を聞いたり、自分のオススメを紹介したりしたくなるかもしれません。

こんなちょっとした努力（?）だけで、異国での生活はずっと過ごしやすいものになるはずです。

異なる観点を持ち込み、受け入れてもらう

ブカレストに赴任してからしばらく経った頃、おいしい料理を楽しみながら現地社員たちと良い関係を築いていた私ですが、東京の本社から「糸木はいったい何をやってるんだ」という言葉が聞こえてきました。

現地の社員はなかなか優秀でしたし、ルーマニアでのビジネスの成長可能性も見えてはいましたが、数字だけ見るとあまり事業が進展しているようには見えなかったからです。一方で、私が現地社員らと家族も交えたパーティーをするなど和気あいあいとやっている雰囲気だけは伝わっていましたから、本社からは「現地スタッフと仲良くしているばかりで肝心のビジネスを進めていないじゃないか」と疑われたのでしょう。「ルーマニアの事業がなかなか軌道に乗らないのは、糸木がボトルネックになっているからだ」などと言われたりもしました。

とはいえ、怠けていたわけではありません。当時の私が取り組んでいたことのひとつが、

現地社員たちに、販売店の店頭整備の手伝いをさせるということでした。それについて少しお話ししましょう。

ルーマニアは旧社会主義国。独裁政権の倒れたルーマニア革命から10年が経過してはいましたが、町で買い物などをしてみると、まだまだ商売上の工夫やサービス精神が欠けているように見受けられました。ソニー製品を売ってくれている販売店を訪問して回る中で、店頭での商品の並べ方がバラバラなことや、合理的で魅力的な陳列ができていないことに気がつき、それを改善することを大きな課題ととらえました。

たとえば、電機製品の販売店では通常、テレビは店の奥の方に置くことにしています。テレビは付けていれば光っていますから自然にお客様が店の奥まで足を運びやすくなるのです。こうした導線の設計は、日本国内では常識とされていることでした。また、ウォークマンはガラスケースに入れるのではなく外に出し、自由に触れられるようにすること。そのほうがお客様は使用感を得られ、購買意欲が刺激されるのです。ほかにも、ショウウィンドウに並べる際には通行人の目の高さを考えて適度な高さにすることなど、販売上のセオリーのようなものは多々あります。

しかし、ルーマニアの販売店では、テレビが店の入り口にどーんと置かれていたり、ウォークマンがガラスケースに厳重に守られていたり、ショウウィンドウの商品がうっすら埃をかぶっていたりと、日本ではあるまじき光景がいたるところに見られました。

これはある意味、国・地域による商売のスタイルの「違い」です。違いを尊重し、現地に合わせる姿勢は大切ですが、この場合は逆に、異なる観点を取り入れることで現地が得られるメリットが大きいと思われました。

よし、販売店の陳列方法を改善させよう、と私は決意しました。

まずは商品の位置を変えて最適にし、配線をきれいにしたり、陳列するテレビの画質を調整したりして、お客様に魅力を感じてもらいやすい、見栄えのいい売り場づくりに努めました。

さらに、私は販売店に行く機会があればクリーニングキットを携え、商品にかかった埃を払うようにしました。そして社員たちに「皆もクリーニングキットを持って、販売店に行ったときは埃を払って、店頭をきれいにしなさい」と指示しました。

彼らは当惑しました。「それは販売店の人たちがするべき仕事です。私たちの仕事じゃない」。たしかにそうです。が、できるのだから手伝ってあげればいい。「だって、同じ商

ルーマニアの店頭で自ら陳列方法を指導

品であっても埃をかぶっていると価値が違って見えるじゃないか。きれいに見えたほうがいいだろう？」

この一事だけでも、現地の社員たちにとっては非常に当惑することだったようです。外資系の一流企業に就職したのに、小売店の棚を掃除するだなんて！　そんな抵抗感も強かったようです。まじめな社員たちでしたが、当初はしぶしぶといった様子でした。

頭ごなしに命令しても不満がくすぶりそうなので、私は論理的にその施策の意味を説くように心がけました。同時に、私自身が率先してクリーニングキットを持ち歩いて掃除することで、行動を促していきました。

論理的に説明するということは、異なる文化的バックグラウンドにおいても機能します。ただし、もし私が社員たちと親しい関係を築くことなく、自分で率先してやってみせることもなく、ただ指示を伝えてその意味を語るだけだったら、社員がすんなり動いてくれたかどうかわかりません。「頭では納得しても気持ちがついていかない」ということは、間々あるからです。

必要なときにロジカルなアプローチを有効に機能させるためにも、日頃から気持ちの上でのつながりをしっかり作っておくことが大切だと思います。

販売店の店頭をきれいにする取り組みは、すぐに劇的な変化が現れるものではありませんでした。しかし一年ほど継続し、お店の側にも合理的な陳列への意識が浸透しはじめた頃から、各販売店での売り上げが目に見えて伸びはじめたのです。ルーマニアでのビジネスは、長めの助走期間を経て一気に離陸したのでした。

ルーマニアの寒い冬

店頭をきれいにする取り組みでは、私が現地社員らに「異なる視点」を提供し、彼らがそれを受け入れてくれたのだと言えます。そして異なる視点を活かしたことでビジネスのパフォーマンスは改善しました。

もうひとつ重要なことは、この取り組みは私がルーマニア駐在を終えて去った後も、しばらくは現地社員らの手によって継続されたことです。それは現に成果が見られたからという理由が大きいでしょうが、私がただ命令するのではなく取り組みの意味を説明し、率先してやって、納得してもらえたからだという面もあるでしょう。

「個々の仕事にどんな意味があるかを部下に説明するなんて、当たり前じゃないか」と思われる方もいるかもしれませんが、実際にそれを十分に行えているマネジャーばかりではないように私は思います。

特に海外赴任の現場においては、言葉の壁やバックグラウンドの違いから、細やかな説明をするより、明解・簡潔に用件を伝えるだけ、というようなスタイルに陥りがちかもしれません。しかし、もともとの仕事のやり方や文化・慣習が同じでない相手に接する場合にこそ、懇切丁寧に説明を行うべきなのです。

こうしたことは、現地社員に対して相応のリスペクト（敬意）を示すということにも通じると思います。作業の意味もわからないまま、ただ命令を受けるだけでは、社員は自分が大切にされていないと感じるでしょう。それでは仕事への意欲もわきません。

そして旧共産圏のルーマニアの社会には当時、そんな雰囲気が強くありました。政府は厳しい財政難で国民の福祉は不足しており、企業にも社員を大切にするという文化はまだまだ乏しかったのです。

そうした状況を目にすると胸が痛みましたが、一方でそれは私にとっては大きなチャンスでもありました。この国にはまだ広がっていない「社員を大切にする」という発想を、私が実践する機会がやってきたのです。


赴任して2年目の初冬のこと。なぜか社員たちが残業しがちになりました。皆なかなか家に帰らないのです。もともとクリスマス商戦があって忙しくなる時期なのですが、それにしても妙に長く働くなあと思うほど残業していました。

また同時に、風邪が流行っているようで、鼻をグズグズさせながら仕事をしている社員が多いのも気になりました。風邪気味なのに毎日遅くまで残業しているのでは可哀想です。

一人の社員に聞いてみて、理由がわかりました。

ルーマニア人の大半は、共産主義政権の時代に建てられた国営のアパートに住んでいました。家賃は安いのですが、いろいろと制約があります。そのひとつが暖房です。冬の寒い国ですから、アパートは外部から供給される温水（スチーム）を各部屋に回して集中暖房を行う構造になっています。この温水は政府が供給するのですが、お役所仕事で、気温にかかわりなくあらかじめ決められた日から供給を開始することになっています。この年は外貨不足で原油の購入量が少なく、温水供給の開始日が平年よりも遅く定められていました。一方で、冬の訪れは例年よりも早かったのです。

寒波が襲来し、家の外は氷点下になっていますが、アパートには暖房が供給されません。多くの人が冷え切った室内で厚着をして過ごしていたのです。社員たちが暖かいオフィスにいたがる理由がわかりました。鼻風邪を引いている者が多いのもうなずけます。

この話を聞いたのは金曜日の夕方でした。彼らは今晩から寒い週末を過ごさなければならないのだ、と思うと胸が痛みました。また、自分だけ会社が用意した赴任者用の高級住宅でぬくぬくと過ごし、人々のそうした状況を知らなかったことに、なんとも言えない後ろめたさと恥ずかしさを感じました。

そこで、社員皆に電気ストーブを配ろうと思い立ったのです。何人もの社員が風邪で寝込んでしまっては困りますから、ストーブを配るのは業務効率にも好影響をもたらすはずです。私はこんなこともあろうかと、自分の判断で、別枠の福利厚生用の会計を設けてお金を貯めていました。そうだ！　そのお金を使ってストーブを買おう。

しかし思いついたのはもう夕方。クリスマス間近の金曜日、すでに多くの社員が退社しており、これからストーブを買って配るのは間に合いません。が、幸い私たちの顧客は電気屋さんです。私は各地に店舗のある量販店の社長に電話しました。意図と事情を説明し、「うちの社員があなたのお店に来たら、この型の電気ストーブをタダで渡してくださ い。お金はあとでまとめてお支払します」と依頼したのです。

量販店の社長はこの話に感銘したようで、二つ返事で引き受け、すぐに各店舗に指示を出してくれました。私はまだ残っていた社員にこのことを話し、電話連絡網で全社員に伝えてもらいました。

これで彼らも少しは暖かく週末を過ごせるだろう。手配を終えた私はほっと安堵して、凍える道を家に向かいました。

しばらく後、家族と夕食をとっていると、次々に電話がかかってきました。どれも社員たちからで、みな口々にストーブの件への感謝を伝えてきたのでした。ルーマニアの企業社会に慣れていた彼らは、だれも会社がそのようなことをしてくれるとは期待していなかったようで、いたく感激されました。

中でも、老いた母親と二人暮らしのある女性社員の話は特に印象に残っています。そのお母さんはこう言ったそうです。「このストーブは本当に会社がくれたの？ 資本主義っていうのも、なかなかいいものなんだねえ……」

障がい者の雇用で社内が活性化

電気ストーブの配布だけでなく、それまでほとんどなかった福利厚生の仕組みを少しずつ整え、社員の家族も交えた旅行やリクリエーションなども行い、20人弱の小所帯のオフィスはとても温かな、連帯感のあるチームになっていきました。

そうした取り組みの一方で業績が伸びなかった間は本社から「何をやっているんだ」「糸木がボトルネックだ」などと言われたこともありましたが、幸い赴任2年目には売上も伸びはじめ、いろいろな歯車がうまくかみ合って回りはじめたと感じていました。

しかし、気になることが一つありました。社員たちはみなグローバルな外資系企業に勤めていることを誇りに思ってくれていましたが、一方で、社外の人に対してやや傲慢になっているように感じられたのです。取引先の販売店の人たちへの接し方、電話でのやり取りの様子、社内で取引先の話をするときの語調、さまざまな点から私はそのような印象を受けていました。

そんな折、事業が拡大してきたことに伴って、社員を一人、増員することにしました。販売店からのオーダー情報をシステムに入力したり、在庫やデリバリー情報を伝えたりする役割です。オフィスで座って行う仕事がほとんどで、セールスマンと違って外へ出てお客様と直接会うことはありません。お客様とは電話やＦＡＸでやり取りするので、強い要求やクレームを受けたりした際、お互いを知らなくても丁寧に応対し、信頼してもらえるよう誠実に礼儀正しく仕事ができる人でないといけません。

リクルートを始めるにあたって、私は社員皆が驚き、当惑する条件をつけました。

それは「障がい者を採用しよう」というものです。

そう考えたいちばんの理由は、社会福祉がほとんど機能していないルーマニアで、会社として何か少しでも地域社会に貢献したいという思いがあったことです。

二つ目の理由として、求める役割をしっかりこなしてくれる忍耐強い人が得られるだろうという期待もありました。

さらに、障がいを持ちながらも真摯に丁寧に働いてくれる人を同僚に迎えれば、高慢さが見られる他の社員全員の意識が変わるきっかけになるだろうという期待もありました。

異質な存在は、組織を活性化する良い刺激になるものです。

社員たちはみな当惑し、連携がしにくくお互いに仕事がやりづらいのではないかとか、今の会社の規模では時期尚早だとか反対意見が出たりもしましたが、なだめつつ社会的意義を説明し、私は募集をかけました。

念のため、欧州本社の人事部に問題ないか確認すると、そこでも驚かれました。

「業務に支障を来さないならまったく問題ありません。むしろ良いことです。でも、法律で障がい者の雇用が義務づけられているわけではないのに積極的に採用するというのは、初めてのケースですね」

そして数日のうちに、非常に優秀な人たちが応募してきてくれました。こうした就職の機会がほとんどないため、だれもが必死で、熱意にあふれていました。その中から一人だけ選んで他を断るというのは心苦しいものでしたが、悩んだ末に、足の不自由な、しかしたいへん優秀な女性を一人、採用しました。車椅子で通勤する彼女のために、オフィスのレイアウトも変更しました。採用された女性は大喜びで入社しました。

「自分の人生で、グローバルな外資系企業で働く機会など絶対にないと思っていました。本当に、夢のようです」

彼女はとても熱心に働きました。いつもはわがままな注文やクレームを出してくる顧客も、彼女のことを知ると一定の礼節を保ってくれました。

そして、そんな新しい同僚の姿を見た社員たちは、自分たちももっとがんばらなければ、と思ったようです。それまでより熱心に、丁寧に仕事をするようになり、オフィス全体が活性化し、業務のクオリティも向上しました。

しかも、はじめに提案したときの当惑とは裏腹に、社員たちは「障がい者を雇用している会社」を誇りに思うようになってくれたのです。障がいを持ちながら立派な働きをする彼女に対して、社員たちはみな敬意をもって接し、気になっていた高慢な態度は減っていきました。社員旅行やリクリエーションの際には、足の不自由な彼女を慮り、支える行動がごく普通に見られるようになりました。いつしか彼らは、ほんとうに家族のようなチームになっていました。

こうした情報はやがて社外にも広がっていきました。その話を聞いたことをきっかけに同業他社から優れた人材が移ってきたこともあります。本社や各拠点でも話題になったようで、業績が伸びていたためもあり、ヨーロッパ各地の幹部社員がブカレストへ視察に来ることもたびたびありました。

異質な存在を取り入れたことは、期待した以上の効果をもたらしたのです。

多様性を力にして高みをめざす

赴任から3年経ち、すっかりなじんだ頃でしたが、異動の指示を受けました。ルーマニアを含む南東欧10カ国を管轄する販売会社がハンガリーに設立されていて、そこに移ることになったのです。社員とも取引先とも温かい交友関係を築くことができていましたから、この国を去ることには忍びがたい思いがありました。が、ルーマニアで実践してきた私なりのやり方を他の国へと展開するのも責務ととらえ、２００１年の1月、慣れ親しんだ人たちと別れて、凍てつくドナウ川の上流にあるハンガリーの古都、ブダペストへと向かったのでした。

しかし、ハンガリーにいたのは1年弱で、すぐにまたオランダへと異動になりましたから、ハンガリーでの仕事はなんとなく中途半端なまま去ることになってしまいました。その短期間の中で痛感したのは、トルコ時代にも感じた各国それぞれの違いと、それをまとめていくことの難しさでした。

同じ東欧の国でも、かつてオーストリア＝ハンガリー二重帝国をなしていたハンガリーはプライドが高く、イタリアに近いスロベニアには先進国意識のようなものが感じられます。ルーマニア人は会議では何も異論を言わなくても後から反対意見を囁いてくるような傾向があり、ブルガリア人は一対一で接するとおとなしくても会議ではまず発言して存在感を示そうとする人が多いと感じました。

そしてどの国の人たちも、「東欧」と一括りにされることを嫌い、他国でうまくいった施策であっても容易に取り入れようとせず、独自でやることにこだわりました。かつて強制的に一括りにされた歴史があり、そこから解放されたばかりだっただけに、自分たちの「違い」を強調したかったのかもしれません。自分の存在を主張するためだけに反対意見を出すような面もあり、いつまで経ってもまとまらない会議に手を焼くこともありました。しかし、そうして自国のアイデンティティにこだわるのもまた、人間の自然な感情であり尊重すべきものでもあると思います。

たとえば、広告や店舗の色をグローバルに統一するといった取り組みは、感覚的なものが深く関わるためとても難しいことになります。本社からはしばしばそういう指示が来るものですが、色彩についての感覚は文化的な背景に加えて現地の町並みや気候、自然条件によって影響されるものです。意図するイメージを表現する上でどんな色合いが適しているかは、現地で過ごさなければわからなかったりするのです。本社を説得して統一までの猶予期間をもらったり、部分的に独自色を残させてもらったりすることもありました。

グローバル化の時代とはいえ、なんでもグローバルに統一することが必ずしも有効に機能するわけではないのです。むしろ一括りにされることを嫌い、自国の独自色を示すことにモチベーションを刺激される人たちも多いと感じることもしばしばでした。日本のように長い歴史と独特の文化を持つ島国と違って、地続きで似通った部分も多く、かつ歴史的に何度も国境が変わったり国名が変わったり、独立して間もなかったりという背景を持つ国々では特に、日本人がびっくりするほど、その点にこだわりを持つ人がいるように思います。ハンガリーで過ごした1年弱の間、そのことを改めて思い知らされました。そして、こうしたことを学び、本社に伝えることもまた、赴任者の大切な責務だと知ったのでした。

この章では、海外赴任で必然的に直面することになるさまざまな「違い」にどう向き合い、それをどう活かすのかということを念頭に、私の体験をお話ししてきました。

同じ商品やサービスでも、同じ目的の取り組みでも、各地域に根差した文化、慣習、価値観、社会状況を踏まえてカスタマイズして提供することが不可欠です。そのためには前章からお話ししているように現地をよく知ること。文化はそのよい入口になり得ます。「違いを楽しむ」ことが肝心です。

店頭を掃除する話は、私が現地になかった「異なる観点」を持ち込んだ事例です。福祉が行き届いていない国だからこそ、電気ストーブを提供するといった「現地の常識とは異なる」取り組みは、大きな驚きをもって迎えられ、それだけ大きな効果を社員のモチベーションなどいろいろな面でもたらしたと思います。障がい者雇用による社内の活性化は、異質の存在が組織全体の良い変化につながり得ることの証明です。

海外赴任は、さまざまな「違い」に触れ、異なる観点、異なる発想、異なる価値観を自分の中に取り込む格好の機会です。それはビジネスパーソンとしての能力を高めることにもつながりますし、また人生を豊かにすることにもつながると思います。

さて、チョルバ・デ・ブルタ、店頭の掃除、電気ストーブ、障がい者雇用と、この章では私のねらい通りにものごとが運んだ話をいくつもしましたが、私の海外赴任生活はそう順調なことばかりではありません。ハンガリーに次いで赴任したオランダでは大きな失敗を経験し、ベトナムでは重い難題に向き合うこととなりました。
いろいろな文化的背景の違いの中、相談相手も少ないかもしれない海外赴任先での失敗や困難な状況は、国内でそれに向き合う場合よりも、ある意味、大変かもしれません。が、そのぶん学びも大きなものとなるはずです。次の章では、それについてお話しします。

この章のポイント――「違い」を活かす

- 国とは文化の最小単位。それぞれ異なる歴史、特色、国民の誇りがある。
- 積極的に「違い」を知り、「違い」を楽しみ、「違い」を尊重することが大切。
- 「違い」を理解するには、現地の文化を「知る」だけでなく、「体験」すること。
- 現地では自分は異質な存在。自分の観点を現地に提供し、刺激することが大切。
- 現地の中での「違い」（多様性）にも目を向け、活かすよう心がけることも重要。

第3章

逃げずに向き合う

ヨーロッパでの大仕事で大失敗。さあ、どうする?

▼管理職(部門長級) ▼部門間調整/トラブル対応

汎ヨーロッパの一大プロジェクトに参加

ハンガリーで南東欧諸国の多様性に目をみはり、四苦八苦しながらどうにか慣れはじめてきた矢先、上司から電話があり、思いがけない異動を命じられました。当時の欧州本社が立ち上げていた、汎ヨーロッパの一大プロジェクトに、日本人の代表者として参画することになったのです。

それはサプライ・チェーン・マネジメント（ＳＣＭ）のシステム開発のプロジェクトで、ヨーロッパ全域にわたる物流・情報システムの改善をめざすものでした。当時の欧州本社の社長は日本人で、見識高く、かねてから私が尊敬していた人でした。その社長が、業績が低迷していた欧州での状況を打破すべく、著名なコンサルティングファームに頼んで立案させた施策のひとつがそのプロジェクトでした。

メーカーにとって「在庫」の管理はきわめて大きな問題です。販売店は、商品の売れ行きを見ながら仕入れのタイミングと数を決めますが、いつどれだけ売れるかをあらかじめ正確に知ることはだれにもできません。売れるぞと思って多く仕入れたものの余ってしまったり、いきなり売り上げが伸びたため慌てて注文したり。それに応じてメーカーも日々の生産数を調整しますが、どうしても不足や余剰が生じます。

在庫が不足したため売り逃したり、在庫が過剰だったためムダが生じたりするのを抑えるため、欧州本社とコンサルタントらは各販売店の在庫を共有化することを考えました。個々に持っている在庫を集めれば過不足が調整しやすく、在庫量が最適化されて、セオリー的には良さそうな考えです。——しかし、プロジェクトはどうもうまくいっていないようだと聞いていました。

理由のひとつは、現場の実状との乖離です。このプロジェクトの受益者となるはずの販売会社の側の意見がうまく取り入れられておらず、コンサルティング会社の理論的な議論をもとにプロジェクトが計画され進められていたのでした。外部コンサルタントが描いてみせる理想的なビジョンは、うまくいけば、すばらしいものになりそうでした。しかし、在庫が無駄なく管理され需要に応じてスムーズに流通するという美しいビジョンを思い描く一方、ハッタリや責任回避やしたたかな交渉に満ちたビジネスの現場の動きは、十分に考慮されていませんでした。

プロジェクトのリーダーシップをとっていたのは物流と情報システムの部署の欧州人の

トップです。通常はいわば裏方の、サポート機能を担う立場です。彼らにとって、この改革プロジェクトは表舞台に立って大きな成果を示す絶好のチャンスですから、たいへん張り切っているようでした。しかし、泥臭いロジスティックスにかかわる物流部門と、データ第一の情報システム部門とでは、考え方にも積んできた実体験にも大きな差があり、だんだんと食い違いが生じてきていました。販売側も今ひとつ乗り気になっておらず、プロジェクト全体にどんよりとした雲がかかっているような状況でした。

そうした状況を打開すべく、販売側の代表として、かつ本社としてもコミュニケーションをとりやすい日本人として、私に白羽の矢が立ったのです（プロジェクトに関わっていたのはみなヨーロッパの人々でした）。

ハンガリーでの仕事にようやく慣れてきた私にとって、うれしい話ではありませんでした。うまくいっていないプロジェクトのマネジメントに、途中からただ一人、日本人として参加するのです。しかも、物流や情報システムについて詳しいわけでもありませんでした。子どもたちもハンガリーの学校に慣れはじめたところでしたから、家族みな動揺しました。

しかし欧州本社からの要請は強く、相応の権限のある高いポジションも用意されていいました。もはや断れません。2002年夏、私たち一家はプロジェクトの拠点であったオランダはアムステルダムに移り住みました。

システムが動かない！

インド、トルコ、ルーマニア、ハンガリーと渡ってきた私でしたが、オランダはそれまでとは違ってまったくの先進国。生活はいたって快適で、英語もよく通じますし、アムステルダムは景観もとても良い町です。

しかし、この地に赴任してからの2年間、私は仕事上の負担と苦悩にさいなまれながら過ごすこととなりました。

プロジェクトを取り仕切るヨーロッパ人の経営陣らは、途中から送り込まれてきた日本人の私に対し、半ば敬遠するようなムードで接してきました。慇懃に受け入れ、私を立てるような振る舞いをする一方で、プロジェクトにひそむ問題については私の介入を避けようとしているようでした。

足並みが乱れがちだった物流部門と情報システム部門も、私の前では一枚岩になって、楽観的な見通しばかり語ります。同時に味方に引き入れようとし、プロジェクトに距離を置いていた販売会社群に対する斥候役を務めるよう求めてきました。逆に、これまで私の仲間であった販売会社の側は、このプロジェクトの方向性を改善して現場の実状に合わせるよう要求してきます。私はその狭間に立たされたのです。

現場からの乖離と各部門の折り合いの悪さ、それゆえに生じるシステム要件上の問題、それを軽視する現地人のプロジェクトメンバー。私は徐々にこのプロジェクトには多くの問題があること、そのために大きなリスクを抱えていることを理解しました。

しかし一方で私には、私に期待し大抜擢してくれた社長に対する気兼ねもありました。プロジェクトに対する期待は大きく、なんとしても計画したシステムを導入することが求められていました。そのため私も、なんとかなるのではないか、と楽観的な見方をしようとしてしまいました。

いきなり高い地位につくことになった、この分野での経験が不十分な私には、欧州本社の一大プロジェクトをうまく動かしていくだけの実力が不足していたのだと言うべきかもしれません。プロジェクトの根幹に関わる問題を容赦なく指摘し、これまでの計画をひっくり返して根本的な改善を図るという難題に、私は足を踏み出せなかったのです。

十分にかつ強い態度で問題を提起することはできず、むしろどうにかうまくいくようにと目先の細かな問題をつぶすことにばかり私は時間を費やしていました。テストをすれば多くのバグが発見され、ユーザー側からの不満や要求も数多く出てきました。それらに応えるため必死に修正するのですが、とても追いつきません。私はプロジェクトマネジメントのメンバーに再三、スケジュールの見直しを提案しましたが、何かと理由をつけられ、聞き入れてもらえません。もやもやした気持ちと不安を抱えながら日々は過ぎていきました。

そして、いよいよシステムが動き出す日がやってきました。不安でいっぱいの状態でその日を迎えた私に、スタッフから恐れていた情報が飛び込んできました。

「大変なことになりました。うまく動きません」

システムは動いていませんでした。いきなりのシステム障害です。販売会社は商品の注文をシステムに入力できず、そのため注文は倉庫に伝わらず、出荷もされない。欧州全体の自社の物流が機能麻痺に陥ったのです。

システム障害による損失は甚大でした。機会損失だけでなく、実際に商品を心待ちにしていた販売店や消費者の方々にも大きな迷惑をかけることになったのです。

あまりにも深刻な事態に、私は呆然として打ちひしがれました。

冷たい視線に耐えながら

経験したことのないレベルの大失敗。それは現場の声を真摯に取り入れようとせず、足並みのそろわない各部署がうまく取りまとめられず、細部を詰められないまま、ただスケジュールだけが優先された結果でした。

これまで学んできたことは何だったんだ、と私は自問していました。赴任直後に現場からの乖離を批判されたインドでの経験、その地域の状況に合わせて施策をカスタマイズすることが不可欠と学んだトルコでの試行錯誤、一人の異質な視点がチーム全体の改善につながることがあると自ら実証してみせたルーマニアでの成果……。

私には、わかっていたはずでした。プロジェクトの現場からの乖離を放置してはいけないこと、もっと実務の状況を踏まえたシステムにしなければならないこと、周囲に気兼ねしたり圧力に流されたりせず異なる視点を示すこと。わかっていながら、私は難題に正面から向き合おうとせず、結果的に逃げてしまっていたのでした。途中から加わったプロジェクトとはいえ、こうした事態を防ぐために何ら手を打てなかったという点で、これは紛れもなく私自身の失敗でした。

事態の究明と今後の措置の検討のため、欧州本社に来るようにと呼び出されました。プロジェクトのマネジメントチーム全員で出向くと、社長が待っていました。

「いったい、なぜこういうことになったんだ。状況と経緯を詳しく説明してもらいたい。今後の対応についても考えを聞かせてくれ」

静かに社長はそう言って私たちの顔を見回しました。もともと冷静で怒気を表すことなどない温厚な人でしたが、このときは険しい表情でした。プロジェクトを発足当初から引っ張ってきた欧州人のヴァイスプレジデントの一人が答えるだろうと思いました……が、彼は目線を下に向けたまま黙っています。見れば、他のヨーロッパ人のマネジメントチームの面々は、私より上の立場の人も含めて皆、神妙な顔をして口をつぐんでいるのです。日頃の様子とは似ても似つかぬ静かな様子に私は驚いてしまいました。

沈黙が続き、やれやれといった表情を浮かべて社長は私の方を見ました。

「……ご説明します」。私は口を開きました。他のメンバーがみな前面に出ようとせずに押し黙っているなら、仕方がありません。ここは日本の会社です。こういうとき、日本人である私が前に出るのはやむをえない面もあると思いましたし、いろんな要因があるとはいえ、この事態を防げなかった私自身の失敗だという思いもありました。

依然として沈黙を続けるヨーロッパ人の面々をよそに、包み隠さず、できる限りの説明をしました。このプロジェクトに期待していた社長は非常に残念そうな顔でしたが、ともかく説明を聞いて落ち着いたようでした。

それから私は、ヨーロッパ各地にある20以上の販売会社を一つずつ訪問し、システムの状況、問題の所在と発生の経緯、解決の見込みなどを説明して回ることにしました。

役職としては、私はプロジェクトのマネジメントチームの中の一人に過ぎませんでした。あのとき押し黙ってしまったメンバーたちには、私より上役の者も、プロジェクト当初から深く関わってきた者もいましたが、だれも矢面に立とうとはしません。それなら仕方がない、と私が責任を取ることにしたのです。

販売会社を訪ねては、冷たく厳しい視線を浴びながら、謝罪と説明を行いました。

こう書くと果敢な行動のように思われるかもしれません。が、これほど大きな失敗を前に、自分にできることと言ったら実際、それぐらいしかなかったのです。問題が大きすぎて一種、開き直った面もあります。それに、それまでの自分のプロジェクトへの向き合い方は間違っていたという痛烈な反省がありました。いろんな圧力に流され、しっかり意見を言わなかったことへの良心の呵責がありました。もう逃げていてはいけない。これで自分のキャリアが終わりになるとしても、これだけはやり切ろうと思いました。

ちょうどその頃、東京本社の経営陣も出張してきて、欧州全体の今後の展望について議論する大規模な会議が開かれました。私もパネルディスカッションに参加しましたが、こんな大失敗をした矢先に、そのことを忘れたかのような顔で未来の話をするのは忍びない。そこで会議の冒頭、司会者に頼んで少しだけ時間をもらい、起こったばかりの失敗について、お詫びと、解決の見通しについての説明を行いました。

私がマイクを持ってその話を始めると、聴衆からは失笑がもれ、冷ややかな雰囲気が場を覆いました。みじめでした。今やるべき仕事はこれなんだと自分を励まし、言うべきことを言い終えた私でしたが、本当に、みじめでした。

逃げないこと

プロジェクトはそれから半年ほどかけて軌道修正・システム修正が行われ、なんとか軟着陸をとげました。

私は、自分の海外赴任生活もこれで終わりと覚悟していました。ヨーロッパ各地の販売会社から「戦犯」として見られていたでしょうし、問題に気づきながら防ぐ手立てをとらなかった人材など評価されるわけがありません。

「悪いけど、オランダでの生活はもう少しで終わりだ。お父さんは失敗してしまった。近いうちに日本に帰ることになるよ。ごめんな」

オランダでの暮らしを楽しんでいた３人の子どもたちにも謝りました。それまで10年近く各国を渡り歩く生活についてきてくれた妻にも。遠からず日本に呼び戻され、本社で閑職に追いやられるのでしょう。海外でキャリアを台無しにした人として、東京でも冷たい視線を向けられるのかもしれません。そう思うとさすがに心が沈みました。


しかし、予想外の展開となりました。

プロジェクトがどうにか軟着陸した頃、欧州本社のトップから、ベルリンにある欧州本社に移ってヨーロッパ全体の販売をマネジメントする任務にあたるように言われたのです。役職は汎ヨーロッパの販売部門のナンバー2の位置づけです。

驚いてしばらく言葉が出ませんでした。

当時、汎ヨーロッパの販売のマネジメントは、イタリアの販売会社の会長がトップを務めていました。彼は温厚で親しみやすい人柄でしたが、例のプロジェクトの失敗については、私は彼から非常に手厳しい批判を受けていました。その彼自身が、自分の直属の部下として私を抜擢し、ベルリン本社に呼んでいるということでした。

予想外の人事に驚いた後は、そんな役割が自分に務まるのか、という不安がわいてきました。システム障害で販売会社の経営陣らの怒りを買った直後に、ヨーロッパ全体の販売をコーディネートする任務にあたるなんて……。

とはいえ、あれだけの迷惑をかけた以上、指示には従うほかありません。

こうして私は2004年の夏、苦い思い出の詰まった、しかし美しいアムステルダムの町を出て、5カ国目の赴任地となるドイツのベルリンへと向かったのでした。

着任してしばらくしてから、私は上司であるそのイタリア人に、ずっと気にかかっていたことを尋ねました。あのプロジェクトで大失敗をした私をなぜ、自分の右腕として選んだのかと。

彼はゆっくりと言葉を選びながら答えました。

「イトキさん、あのプロジェクトはたしかに大失敗でしたね。損失はとても大きかった。しかし、あなた一人の責任ではありません。むしろ私は、失敗した後のあなたの対応に感銘を受けました。自分で責任をもって、販売会社に説明して回ったでしょう。あの後、販売会社の面々で集まったときに話したのです。皆失敗には怒っていましたが、『あの行動は立派だった』と全員が言いました。だれも責任を取ろうとしない中で、自ら謝罪と説明に乗り出してきたのですから。……イトキさん、我々が求めているのは、頭がいいとか言葉が上手とかいうような赴任者ではありません。困ったとき、逃げずに一緒に戦ってくれる人です。だから、あなたを選んだのです」

私は身が引き締まるような感動を覚えました。そしてこの言葉はその後の私の海外赴任生活に大きな影響を与えることになったのです。

カーテンを開けろ、オープンであれ

システム開発プロジェクトの大失敗は大きな学びももたらしてくれましたが、それとは別にオランダで学んだことを象徴するような出来事がありますので書いておきましょう。

赴任してしばらく経った頃、アムステルダム郊外で私たち一家の隣に住んでいたおばさんとたまたま玄関前で出くわした際、こんなことを言われました。

「あなたの家の窓、もっと掃除したほうがいいんじゃないかしら」

オランダの住宅には大きな窓があるものが多く、私の借りた住宅も例外ではありませんでした。大きな窓はさほど汚れているようにも見えませんでしたが、たしかに隣のおばさんの家の窓はピカピカに磨かれていてとてもきれいです。気をつけて見ると、他の家も大抵、窓ガラスはピカピカなのでした。

そういうものかと思い、以後はこまめに窓の拭き掃除をするようになりました。しばらくしてまた隣のおばさんに会ったとき、「どうです、窓はピカピカにしていますよ」と自慢したら、今度はこんなことを言われました。

「たしかに窓ガラスは最近きれいね。あとはカーテンを閉めないことね」

面食らいましたが、言われてみれば、オランダでは窓のカーテンを閉めていない家をよく見かけます。夕方に外を散歩などしていると、人々が家の中で食事をしたりテレビを見たりしている様子がよく見えるのです。どうしてカーテンを閉めないのかなと不思議でした。

私の家は一階で道路に面しているためもあり、基本的にいつもレースのカーテンを引いていました。

「カーテンを引いて家の中を見えないように隠していると、何か悪いことをしているんじゃないかと思われますよ。この家の人は何かやましいことがあるのかなって。恥じることなんて何もないんだから。堂々と開けておきなさい」

これには驚きました。さらにおばさんは、そもそも人に見られてまずいことなどしてはいけない、だから常にカーテンを開けておけるような生き方をするべきだという考え方を教えてくれました。オランダ人はそういう感覚なのだそうです。

その話を聞いて私は、あるいは世界の中で日本人が持たれがちな印象も、これに近いのかもしれないと思いました。きれいで良い家に住んでいる、けれども窓にはいつも薄いレースのカーテンがかかっている。つまり、身なりもふるまいも立派だが、どういう人柄なのかが見えない。だから親しみを感じづらいし、本心で何を考えているのか、今ひとつわからない……。

家の中が丸見えになるという状態にはその後もなかなか慣れませんでしたが、外に対してオープンであることの大切さは、それまでの海外赴任生活の中でもしばしば感じてきたことでした。

世界各国と比べると、日本人はあまり自分自身のこと、プライベートなことを語らない傾向があるようです。ある程度親しくなってからでないと、私的なことを話すのはなんだか気が引けたりするものです。

逆に日本人からすると、海外の人は自分を語ることを怖がらず、場合によっては妙に馴れ馴れしくプライベートなことを話したり知りたがったりするように感じます。初めてインドを訪れた際など、「家族は何人いる?」「子どもは何歳?」「休日は何をしているの?」などなど浴びせられる個人的な質問にずいぶん面食らったものでした(ただしプライバシーについての感覚は欧米とアジアではだいぶ異なりますが)。

ただ、それはプライバシーの感覚が薄いというより、単純に、その人がどういう人なのかを知りたいという感覚が強いのだと思います。

とりわけ、異質な存在として現地に入っている海外赴任者に対しては、そういう感覚は強くなるのが自然です。基本的な考え方や、家族のことや趣味の話題など、個人的なことを知らなければ、異国の人を信頼することはなかなか難しいかもしれません。私たちだって、その人の個人的な背景を何も知らない外国人に会うと緊張するものです。

ですから、海外で生活する上では、コミュニケーションが重要なのはもちろんですが、その中で積極的に自分を見せること、オープンであることが大切なのです。

このことは、語学に苦手意識のある人は特に留意すべき点です。言葉に自信がないと、人は自分を隠してしまいがちだからです。もともと心の窓にカーテンを引きがちな日本人が、さらに分厚いカーテンを引くようなものです。しかし、言葉が不十分でも自分を見せることは不可能ではありません。むしろ自分を見せることで言葉の壁を乗り越えて親近感や信頼を築けるのです。

前の章までに触れてきた、インド映画やルーマニア料理にのめり込んだ話は、現地の文化を理解するという意味に加えて、「インド映画マニアの日本人」や「チョルバ・デ・ブルタが大好きな外国人」といった「私」の姿を、現地の人たちに見えるようにする意味もあったと思います。そういう自分を見せることで信頼を得やすくなったと考えられます。

思えば、システム開発プロジェクトの失敗の後で私が再評価してもらえたのも、逃げ隠れすることなく、事実も私の考えもすべてオープンにして、開き直って人々に向き合うことができたからかもしれません。

なお、私の経験からいえば、日本人は基本的に世界で好かれやすい国民性をもっていると思います。誠実、正直、勤勉、そして気配りが自然にできるといった性質はどの国でも好まれますし、それが大抵の日本人には備わっていると思うのです。それを「見せる」ことができれば、異国の人とよい関係を築くことは、思うほど難しいことではないはずです。言葉が苦手であればあるほど大切なことでしょう。

ヨーロッパの多様性に触れる

オランダでの手痛い失敗とその後の難局を経てドイツに赴任したのは２００４年の夏。その約１年後には欧州本社の機能がイギリスに移転したため私もロンドンに移動しましたが、また半年後にはベトナムへ渡ることとなりました。

そのため欧州本社で仕事をしたのはごく短期間でしたが、広大なヨーロッパ全域を俯瞰して個々の違いを踏まえながらも全体の最適化を図るという課題に取り組みました。経営に近いポジションに立ったことで、いわゆる「グローバル」と「ローカル」のバランスという問題に直面することになったのです。

1991年のベルリンの壁の崩壊後、ベルリンは東欧を含めた欧州の中心になると言われていました。それでもなかなか商業の中心とはなりませんでした。理由としては、他の欧州の大都市との距離、戦後の歴史、言葉の壁、そして共産主義から解放された東欧の経済がなかなか成長軌道に乗らないといったことが挙げられていました。が、そうした中でソニーはベルリンに欧州本社を設立し、いち早く東欧の開発に着手していたのです。

私の役割は先述したようにヨーロッパ全体の販売のコーディネーション。すでに各国には20以上の販売会社があり、独立した経営を行っていましたから、個々の国を飛び回って介入するという必要は多くはありません。本社でヨーロッパ全域を俯瞰し、どのように最適化を図るかを考えるのが主な任務でした。

日本から見ると、ヨーロッパは一つの地域と思いがちですが、同じEU圏といっても国ごとの政治・経済状態はもちろん、商習慣、消費者の行動パターン、広告や商品の好みまで、さまざまな面で多くの違いがあります。

そうした国ごとの特性を踏まえてカスタマイズしていくことの重要性を本書ではこれまで再三語ってきましたが、一方で、共通する点を見つけて共通化することで全体としての効率を高めるということが、欧州本社での課題となっていました。冷戦の終結後、あらゆる面で進みはじめたグローバル化の波の中、共通化によって全体の効率を高めるということは、多国籍で事業展開する企業にとって、生き残りのための至上命題となりつつあったのです。

これは悩ましい課題でした。現に国ごとのさまざまな違いがあることに加えて、各国の販売会社の経営者や担当者らは、ことさらに違いを強調することが多くありました。そこには愛国心や、オリジナリティ、アイデンティティへの自然な欲求も混ざっていると思います。隣国・他国とは一緒にされたくないのです。

私が率いたチームのメンバーは多国籍でした。覚えているだけでも、ドイツ、イギリス、フランス、オランダ、スペイン、ルーマニア、ポーランドからのスタッフがおり、直属の上司はイタリア人。組織の目標は共通とはいえ、考え方、価値観、表現の仕方には大きな差がありました。

しかも、チームで議論していても、話題の対象となる国と自分の関係によって温度差が生じます。加えて、各国の販売会社もそれぞれの独自性を主張し、共通化を志向する欧州本社に対して警戒感や対抗心を露わにすることもありました。

共通化のメリットは理解しつつも、個々の独自性や違いを保ちたいという人々の感情もまた、モチベーション等を考えれば、無視してよい話ではありません。これらのバランスをどのように取ればよいのでしょうか。

重要なのは、共通の利益を明らかにしてそのための行動を促すとともに、関係する主体それぞれを理解し、個別に支援するという姿勢を意識的に示すことでした。これはシステム開発プロジェクトの失敗で学んだ貴重な教訓でした。現地の個別の事情にじっくり耳を傾けることなく全体の方針を優先させたために、あのプロジェクトは挫折したのですから。

私の前任の赴任者は欧州での経験が豊富で見識高く、強くチームをリードしていました。一方で引き継いだ私は例のプロジェクトでの「前科」がある上に欧州市場での経験はまだまだ不十分。チームメンバーにも現場にも疑心暗鬼があって当然です。現場に入り込むのは簡単ではありませんでした。

そこで私が取り組んだのが、各地のベストプラクティスをシェアするという活動でした。各国の拠点では事業拡大のためにさまざまな試行錯誤を行っています。その中には良い取り組み、成果を上げた取り組みもありますが、必ずしも他国拠点にまで知られてはいません。ベストプラクティスの情報を共有すれば、他の拠点で活用できるものもあるはずです。

もちろん、それまでも優秀な事例がヨーロッパ全体の会合などで紹介され表彰されることはありました。しかし、そうした場はただのセレモニーになってしまうことも少なくありません。それに、各国の販売会社の間には互いにライバル意識があります。他社の良い事例を知っても対抗心から自己流にこだわり、積極的に取り入れようとはしない傾向があるようでした。もったいないことですが、そんな感情が現にある以上は仕方がない。そのような感情に配慮した施策を考えなければいけません。

そこで、全体会合で表彰するようなことはせず、ただ課題別にベストプラクティスの情報を整理し、知りたい人が自発的に調べられるようにしようと考えました。そのほうが、プライドや嫉妬心などを抜きにして、自然に情報の活用が進むように思えたのです。

ベストプラクティスを集めるため、私はメンバーとともに手分けして各国の販売会社を回ることにしました。単にメールで情報募集の告知をするのではなく、あえて現地に出向いて話を聞くことが重要だと考えました。そういうかたちであれば、欧州本社の人が「良いところ」を見に来てくれるわけですから、販売会社の側も妙な警戒をせずに歓迎してくれるでしょう。それに私たち本社側も、現地を実際に見て話を聞くことで、その国の状況や個々の取り組みの背景、成功要因などをよく理解できるはずです。

この目論見どおりに事は運びました。現場の人々は進んで話をして経験をシェアしてくれましたし、私はヨーロッパ各国の奥深い多様性と共通性について、効果的に理解を深めることができたのです。

グローバルとローカル

こうした取り組みを通じて、ヨーロッパ各地で生まれたベストプラクティスが少しずつ全体で共有され、活用されるようになっていきました。また、この動きの延長線上に、各地の販売会社の意見を集約して本社に提案を行うという、積極的なボトムアップの動きが生まれることにもなりました。販売会社の経営陣らが何度も自発的に集まってワークショップを開き、販売側としての意見をまとめて発信するようになったのです。

活用するべき模範事例をトップが選んで上から押し付けるのではなく、下から事例をすくい上げ、それを自発的に活用してもらう。どちらのアプローチでも結果として「ベストプラクティスの共有」は進むかもしれませんが、より高い成果につながるのは後者のアプローチだと私は思います。個々の人たちが自ら活動にコミットするからです。

現地志向で個々に目を向けることが、個々のモチベーションを刺激し、自尊心を持たせ、主体的な行動を促すことになります（逆に、現地に目を向けずに計画を走らせてしまい、現地の人々のモチベーションを下げ、無視されたという思いをさせ、主体的に声を挙げることを妨げてしまったのがオランダでの失敗でした）。

そしてまた、現地志向で個々の独自性に向き合ったからこそ、次第に共通性も浮かび上がり、それが全体最適を図る動きにもつながっていったと言うこともできます（例のプロジェクトでも、現場の販売会社の意向を十分に汲んでいれば、真に望ましい全体最適への道が見出せていたかもしれません）。

ここには「グローバル」と「ローカル」のバランスを考える上での重要な示唆が含まれているように思います。

グローバル化というと、「世界共通化」のイメージを持たれる方が少なくないようです。つまり、どの国でも同じ商品を売るとか、ある一つの仕組みを世界中の拠点に導入するとか、業務内容や商品・サービスについて画一的なスタンダードを設けて世界中がそれに合わせるということです。

たとえば、どの国で飲んでもコカ・コーラは同じ味がしますし、同じロゴがボトルについています。こうしたブランド面の話はわかりやすいですが、それ以外にも、業務手順の統一マニュアル化、原材料の調達先の一元化、情報システムの一元化など、ビジネスのあらゆる面で共通化・標準化の動きは進んできました。コスト削減・効率化のため、こうした意味でのグローバル化は不可避の取り組みとして、もう20年ほど前から盛んに言われ続けてきたものです。

一方で、個々の国に目を向けると「現地最適化」のニーズが頻繁に見られますし、当然それが行われている局面もあります。日本で売れている高額商品をそのまま発展途上国で売ろうとしてもうまくいかないというような例は多々あり得ますし、そのため現地オリジナルの商品を開発して提供しているケースもあります。目に見える商品は共通していても、その売り方に違いが求められたり（日本ではネット販売で売れているが、その国ではラジオCMや訪問販売が効果的であるなど）、事業展開の仕方に違いが求められたり（ある国では競合が少ないためそのまま事業を進めるが、別のある国では同業他社が多いためM&Aで規模拡大を図るなど）、現実にさまざまな面で「現地最適化」が図られています。コカ・コーラも、その売り方には国によってさまざまな違いがあるはずです。

そうした面まで含めてすべてを一律の基準で統一しようとすれば、むしろ機会損失や非効率が発生してしまうことも多いに違いありません。現実として、世界は実に多種多様なのですから。すべてをバラバラにしていたら効率が悪いのと同様に、何もかもを共通化するのも非効率になるわけです。

そのため事業のコアの部分、本質については共通でも、顧客に触れる部分はその国に合わせて変える、調整するといったことが必要です。一方で、共通であることのメリットがある面については、現地社員や現地の顧客にしっかりと伝え広めていくこともまた、赴任者の大切な役割となります。

言い換えれば、望ましい「グローバル化」とは、単に一つのものを共通化しグローバルに広げることというより、多種多様なものを包括し、国ごとの違いを受け止めた上で、うまく適合させられるように調整していくプロセスだと言えるでしょう。均質で画一的な企業ではなく、現地最適化のプロセスをうまく全社的に実現し、豊かな多様性を備えた企業こそ、グローバル企業たり得るのではないでしょうか。

その先兵として、現地志向を持って現地での最適化を模索し、多様性と向き合うこと。それが、グローバル人材として世界で働く人には強く求められると思うのです。

さて、ベルリンから部門の機能が移転したことに伴い1年弱ロンドンで仕事をした後、今度は東南アジアの新興国、ベトナムに転勤を命じられました。役割は現地の販売会社の社長。しかも工場も含めた国全体のトップとして采配を振るうことになったのです。

経営者としての仕事においても私の道標となったのは、現地を深く知ること、そして人の気持ちに向き合っていくことでした。

この章のポイント――逃げずに向き合う

- どんな仕事でも現場視点を失わないことが大事。
- 現地社員が赴任者に求めるのは、困難な状況から逃げないこと、現地に向き合うこと。
- 日本人は本心が見えづらいと思われがち。意識的に自分を見せる姿勢が大切。
- グローバル化とは画一化ではなく多様性を包含した全体最適化。
- 個々の独自性に向き合うことで、共通性と全体最適も見えやすくなる。

第4章

文化を知り、人を知る

ベトナム人の心をつかんだ広告はこうして生まれた

▼現地法人社長

▼関係構築／広告宣伝／事業再編・リストラ

転機のベトナム

ベルリン、ロンドンと続いた欧州本社での仕事は学びの多いものでしたが、私自身としては、本社で多国間の調整に従事するよりも、ビジネスの前線にもっと関わっていたいという思いが強くありました。英国特有のどんよりした曇りがちの空も、なんとなく私に閉塞感を抱かせていたのかもしれません。そんなある日、上司に呼び出されました。

「ベトナムの現地法人の社長をやってくれないか」

願ってもない話でした。ベトナムの販売会社および工場の経営を任せてくれるというのです。そのとき上司の背後の窓に見えていた雲の切れ目から、夕方のまばゆいオレンジ色の日が差してきたのを憶えています。あたかも私の気持ちを表しているかのようでした。

海外赴任生活もすでに13年を超え、それまでの7カ国で多くの学びを得てきたとはいえ、経営者として現地の会社全体を指揮するとなると、また違ったものが求められるはずです。しかもベトナムでの事業は当時、大きな変曲点にさしかかっていました。時勢の変化の中、経営というポジションで自分に何ができるのか――。緊張とともに大きな意欲をもって、2006年2月、私はヨーロッパに別れを告げて飛び立ちました。

ベトナムにはソニーが現地企業との合弁出資という形で設立していた製造・販売の会社があり、私が担うことになったのはその経営でした。

なぜ合弁会社なのかといえば、ベトナム政府の規制があったためです。経済的に後発の国々ではしばしば、国内企業の育成・保護などの観点から、外国企業が進出する際には単独出資ではなく現地企業との合弁の形をとらなければならない、といった規制が設けられます。ノウハウや利益を少しでも現地に残すためです。一方でそのため進出のハードルが上がり、外国からの投資を抑制させる要因にもなり得ます。

外国企業にとってもうひとつ重要な意味をもっていた規制は、製造工程をベトナム国内で行わなければならないというものでした。つまり他国で製造した完成品をそのままベトナムに持ち込んで売ることはできず、部品を輸入してベトナム国内で組み立てなければならなかったのです。これは国内に雇用をつくるための規制と言えるでしょう。

そうした規制の中、ベトナムではテレビを主力製品として事業展開していたのですが、大きな二つの転機が訪れようとしていました。

一つは、ベトナムのＷＴＯ（世界貿易機関）加盟です。12年間にわたり多国間協議や二国間交渉を続けてきたベトナム政府は、ようやく加盟の採択にこぎつけようとしていました。関税引き下げや外資参入規制の緩和など、大幅な自由化がなされることは確実でした。これは進出していた外資系企業がとっていた、合弁会社の形での製造・販売というビジネスモデルに見直しを迫ってきます。合弁を解消して、工場を閉鎖し、他国で製造した完成品を輸入販売する形に切り替えるべきではないか。そんな事業の根幹にかかわる問いに、向き合っていく必要がありました。

もう一つは、主力商品たるテレビそのものの市場環境の変化でした。ブラウン管式テレビの時代から、フラットパネル・ディスプレイを使った液晶テレビの時代へ。その大きな波に加えて、サムスンやＬＧ電子など韓国企業の台頭もありました。ブラウン管では大きなシェアを持っていた日本のメーカーは、そのポジションを極力維持しつつ徐々に液晶テレビに移行しようとしていましたが、ライバルの韓国メーカーは「失うものは何もない」とばかりに液晶テレビで攻勢に出ていました。その戦略的な低価格が激しい価格競争をもたらし、日本企業は有効な対抗策を見出せないまま後塵を拝しつつありました。経営者として私は、こうした問題にも何らかの方針を示し、実行していかなければいけません。

経営を引き受けたのはいいものの、容易ならざる状況です。

赴任地である商都ホーチミンの市街地に入ると、2月なのにムワッとした生暖かい空気と道路にひしめくオートバイの騒音に迎えられました。やはり力強い経済成長のただ中にある東南アジアの新興国、ヨーロッパとは大違いの雰囲気です。でもそれは決して不快なものではなく、むしろ何か懐かしさや温かさを感じさせてくれるものでした。

思わず身震いして、よし、来たからには徹底的にこの国の空気に溶け込んでやってみよう、という決意がみなぎってきました。それがベトナムでの第一歩でした。

とにかく現場の最前線へ

先行き不透明な状況の中、現地の社員たちも、合弁パートナーも、みな不安を抱いているようでした。

私は液晶テレビについて、韓国メーカーが仕掛けてきている価格競争には乗らず、ハイエンド（高級）のイメージを維持することを方針としました。現地の社員たちも、それまでに長年をかけて築かれてきた「ＳＯＮＹ」のブランドの価値を信じていました。しかし、ブラウン管とは異なり液晶テレビは性能差が小さくて独自性を出しづらく、ハイエンドのイメージを確保することは実際問題、いかにも難題です。どのような具体策があり得るのか。その点に社員たちも関心を寄せていました。

一方で、こうした主力商品の大きな転換や貿易自由化の流れの中、合弁パートナーや工場の従業員らは、これまでのビジネスモデルが維持されるのかを非常に不安に思っているようでした。彼らの事業や雇用にも直結する問題ですから、無理もありません。

どちらも、ただちに方向性を示せるものではなく、まずは社員とパートナーから信頼を得ることが何より重要と感じていました。現地の人々の信頼を得られなければ、状況の把握も、望ましい施策の立案も、満足にはできないでしょう。

もちろん、信頼を得るといっても、新任の外国人社長が口先だけで何を語ったところで、信頼はそうやすやすと得られるものではありません。

たいていローカルの社員は本社からの赴任者に対して、「どうせ2、3年しかいないのだろう」とか「現地より本社の方を向いているのだろう」とか「こちらの習慣や考え方は理解してくれないものだ」などと思う傾向があります（そう思わせてしまう赴任者が多いということかもしれません）。

こうした人たちの信頼を得て、心をつかむためには、時間をかけて行動で示すことが重要です。それまでの7カ国での経験から、私は二つのチャレンジをすることにしました。

一つは、現場の最前線を徹底して訪問することです。当然のことながら、現場の状況を知らなければ仕事と事業の実状はわかりません。

ベトナム各地の販売店を、ほかの予定を後回しにしてでも積極的に回ろうと考えました。私は営業畑を歩んできたため生産には縁が遠かったのですが、工場にも毎日顔を出すことにしました。社員たちに声をかけ、工場での打ち合わせにもなるべく出席。まずは、ここからです。

販売の最前線を回るといっても、ベトナムの国土は南北に約2000キロメートルもあり、全拠点を回るのは容易ではありません。しかも当時のこの国で、公共の交通機関は当てになりませんでした。すると車で行くことになりますが、道路状況はお世辞にも良いとは言えないのです。全国の販売店を徹底的に訪問するなんて、われながら大変なことを始めてしまったなと何度も思いました。

それでも、空港でフライトの遅れを2時間も3時間も待ち、夜行列車に一人で揺られ、車で悪路を数時間走る、といったことをものともせず（むしろ楽しみました）、1年間で70の町を回り、各地の販売店の方々とお会いしました。

地方に行けば行くほど、現地の人たちは外国人の現法社長が来たことを喜んでくれました。その歓迎ぶりとうれしそうな様子に苦労のしがいを感じ、また私自身もそれを大いに楽しみました。ホーチミンのオフィスの壁にベトナム全土の地図を貼り、訪問した都市に印をつけて、だんだんと地図が埋まっていくのを楽しみにしたものです。

また、おもしろいもので地方に行けば行くほど、「ご当地のごちそう」が驚愕のものになってきて、この点だけはちょっと大変でした。もてなしてくれる人たちの「ごちそう」ですから、生で食べると危ないもの以外はすべていただきましたが、ごちそうに招かれると必ず思ったのは、「できれば哺乳類がいいなあ」「できれば肉片になっていて元の姿形がわからないのがいいなあ」ということでした。私がいただいたごちそうの例を挙げると、ヘビ、カメはもとより、オオトカゲ、ワニ、ネズミ、ハリセンボン、アルマジロ、イヌ、ネコ、虫の幼虫、カラスなどなど……。ごちそうと言うくらいですから、心理的障壁を乗り越えさえすれば、結構おいしいのです。それでもトカゲとネズミは最後まで好きにはなれませんでした。

ベトナム語でカラオケに挑戦

私が赴任早々に始めたもう一つのチャレンジは、ベトナムの文化・習慣を深く理解すること、そしてこの国を好きになるように努力することです。これは自分にとっても仕事で努力する動機づけになりますし、その姿を見せることが社員やパートナーに自分を信頼してもらうための土台になるはずです。

赴任するまでベトナムについてはあまり知りませんでした。文化を知るといってもどこから始めればよいか迷うところですが、まずは自分をゼロにリセット。町の大通りにしばしたたずみ、肌でこの土地の空気を感じ、耳に喧騒を流し込み、目は町並みや道行く人々をただ漫然と眺めることから始めました。表通りも裏通りも、町を当てもなくさまよい歩きます。すると次第に体や心が土地の空気に溶け込んでいくような気がしてくるのです。

手近な文化探訪をと露店や市場でさまざまな食べ物を味わってみたり、はやりのベトナム映画を何本かはしごしたり、ＣＤショップをのぞいてベトナムの音楽を聴いてみたり。

現地の文化というのは触れてみれば何でもおもしろいもので、この先のベトナム生活もおもしろくなりそうだとわくわくしてくるのでした。

そんな折、この国に赴任して長い他社の日本人にカラオケに誘われたのですが、そこで聞いたある歌が妙に心にしみました。そのときは歌の意味まではわかりませんでしたが、抒情的でどこか物悲しいメロディーが心の琴線に触れたのです。そこで歌のタイトルと歌手名を紙に書いてもらい、翌日、そのCDを手に入れました。

「Diem Xua」（「美しい昔」という意味）というその曲は、ベトナムでは国民的に有名で美しい歌と言われていました。反戦歌などを中心に多くの作品を残した「ベトナムのボブ・ディラン」と言われるチン・コン・ソンの作曲。後から知ったことですが、日本でも「美しい昔」という邦題と訳詞がつけられて天童よしみによって歌われています。

CDを繰り返し聞くうちにいっそう好きになっていったのですが、ちょうどその頃、ソニー・ベトナムで恒例の社員旅行が間近に迫っていました。社員の家族も交えて600人以上が参加するという一大イベントです。そこで思いつきました。

「そうだ、この歌を社員旅行のときに歌って、皆を驚かせよう！」

ベトナム語は発音が難しく、歌うのはなおさら難しいのですが、毎日練習しました。

そして迎えた旅行当日。初日の晩はガラ・ディナーで、そこで新社長がどんなあいさつをするのか社員やその家族も興味津々といった感じでした。しんと静まった雰囲気の中、ステージに立った私は短めにあいさつを切り上げて言いました。

「短いですがあいさつはこれで終わり。その代わり、好きになったベトナムの歌を歌います」

とたんに、神妙な面持ちで聞いていた皆の顔がはじけるような笑顔になり、歓声と拍手が起こりました。同時に、そんなことは初めてだったのでしょう、「外国人がベトナムの歌を歌えるの？」という懐疑や戸惑いが混じったような表情の人たちも大勢いました。

イントロが流れはじめます。600人を前に、私は実はものすごく緊張して、恐る恐る歌いはじめましたが、最初のフレーズが終わるや否や、皆が立ち上がってヤンヤヤンヤの大歓声となりました。どうにかうまく歌えているんだな、と少し自信がわき、思い切って声を出して歌い続けました。

曲の一番が終わって間奏になると、何人もがテーブルにあった花を抜き取ってステージに駆けつけ、私に花を手渡してくれました。それがまた歓声を呼びます。

そしてどうにか歌い終わると、おそらく人生で一番ではないかと思うほどの大きな拍手に包まれました。歓声と拍手はなかなか鳴り止まず、みな喜びと驚嘆の表情で顔を見合わせて感想を言い合っているようでした。私自身も予想以上の熱い反応に感激していました。

その後、各テーブルを回ってあいさつをしていると、口々に「上手でした」「どうしてあの歌を知ったのですか」「どうやって練習したのですか?」などと言われました。ある社員が連れてきていた老いた母親は、英語は使えないので息子を介して「上手でした。すばらしかったです」と伝えてくれました。また後で聞いた話では、社員旅行に参加できなかった社員にもこのとき、携帯のメールで「新しい社長が『美しい昔』をベトナム語で歌ったぞ!」と連絡が回ったそうです。

このように、私のベトナム文化へのチャレンジは、予想をはるかに超えて人々に大歓迎されたのでした。

文化探訪での気づき

社員旅行で気をよくした私はさらにベトナム文化、特に歌への関心を深めていきました。「美しい昔」を歌い込み、また他のベトナム語の歌も練習してレパートリーを広げていきました。歌詞はなるべく自分で訳して理解し、作曲家の生涯を調べ、出張時に足をのばして歌に出てくる土地を訪れたりもしました。そしていつでも歌えるように、小さくコピーしたベトナム語の歌詞を常に財布に入れて持ち歩きました。

会社のイベントや社員の慶事で歌ううちに私のベトナム歌好きは有名になり、ビジネスパートナーとの会合でもリクエストされるまでになりました。

最大手の取引先とのディナーでのことでした。ベトナム歌謡に対する私の造詣を喜んでくれていた先方のオーナーが、なんと「美しい昔」を持ち歌にしている有名な歌手をサプライズゲストとして呼んでくれていました。ホン・ニュン（Hong Nyung）という女性歌手です。たいへん光栄なことで感謝しつつその場でデュエットを歌い上げると、彼女にも驚かれ喜ばれました。ホンさんは英語もできたので話もはずみ、それ以来、ＣＤをいただいたりコンサートに招待されたり、後には彼女のコンサートをスポンサーするなど関係が広がっていきました。

各地の現場を訪問する取り組みもこつこつ続けて、私のオフィスの地図が徐々に印で埋まっていきました。ベトナムに赴任して半年ほど経つ頃には、行く先々で社員の温かい眼差しに触れ、だんだん信頼を得られてきたのかなと感じられるようになりました。私の部屋の地図を目にして、「社長、○○に行ったんですか？　あそこは私の故郷です。小さい頃は……」とか「今度は□□に行ってみてください。とても美しい場所ですよ」などと話しかけてくれることも増えました。

こうして私は最初の課題ととらえた「現地の人々の信頼を得ること」について、全国各地の拠点への訪問とベトナム文化への傾倒を通じて徐々に成果をあげていったわけですが、この取り組みの中では、単に現地の人々と仲良くなるという以上の、さらに大きな気づきがありました。

地方都市を回っていると、いまや大都会となったホーチミンやハノイでは消えてしまったような、昔ながらの風景に出会うことがたびたびありました。また今ではなくなってしまったいにしえの慣習の話を聞くこともありました。ベトナムでは南北に分かれた激しい戦争がありましたし、近年の急速な経済成長は社会にさまざまな歪みや価値観の混乱を引き起こしてもいるようです。昔の話をしたがるベトナム人は、至る所にいました。

特に印象深かったのは、お茶の話です。いにしえのベトナムでは、蓮の花の香りのお茶を淹れる典雅な風習があったといいます。

夕暮れ時、湖に茶葉をもって小舟で漕ぎ出し、蓮の花の中にひとつかみずつ茶葉を入れます。夜の帳が降りるとともに蓮の花は閉じ、その中で茶葉に濃密な香りが移っていきます。翌朝、朝もや漂う中でふたたび湖に漕ぎ出して、開きはじめた花の中から取り出した茶葉で朝のお茶を淹れて楽しむのです。

なんと優美な、趣深い習わしでしょう。

実際にやっているところを見たいと思い、多くのベトナム人に聞いてみましたが、どこでなら今も行われているか答えられる人はいませんでした

「ああ、自分の祖父の時代まではよくやっていたみたいですが……今では見かけません。忘れられてしまっていますね」

そんなとき、彼らはみな懐かしそうな、しかし少し恥ずかしそうな、後ろめたそうな表情を浮かべるのでした。その複雑な表情がまた強く印象に残りました。

大都市のベトナム人と話をする中でこの国の「忘れられた美」に触れると、雄弁だった彼らが急に静かになり、遠くを思うような表情をする。そしてときには、それを外国人から提起されることへの恥じらいのようなものを滲ませるのです。

経済の勃興に沸き立っている彼らの心の中にも、古き良き時代への感傷や故郷への郷愁

や、それを忘れかけていることへの後ろめたさや含羞があるのだなと思わされました。

そして、こうした気づきがやがて仕事にも活きることになりました。

ベトナムの美をCFに

2008年夏、液晶テレビの販売促進を強化することになりました。すでに韓国メーカーはじめ他社が積極的な広告宣伝をしていた中、私たちは出遅れていました。強烈なインパクトのある広告によって形勢を挽回したいところです。

先述したように韓国勢が価格競争を仕掛けてきていたのに対し、私は中所得層以上の顧客をターゲットに、ハイクラスのイメージを打ち出して戦う考えでした。ベトナムの消費者が「値段が高いものは良いものであり、ステータスの証明である」という志向性を持っていることを私はさまざまな調査から認識していました。そのため、ソニーの液晶テレビは競合製品よりも2割ほど高価でしたが価格は下げずに、逆に価格に見合った高いイメージを打ち出すことが得策だと考えていたのです。

そこで、CF(コマーシャルフィルム)を中心とする広告においても、私は他社とはまったく異なるアプローチを考えました。二つのポイントを心に決めました。

ひとつは、広告の中で商品の性能・機能について一切触れないこと。情報を詰め込み、性能・機能をこれでもかというほど強くアピールする広告が多かったため、正反対の手をとることで差別化を図るねらいです。

もうひとつは、人々に「ある美しさ」を思い出してもらうことを通じて、高画質なテレビの価値を訴求することです。その美しさとは、私が各地を回る中で魅了されてきた、ベトナムの地方に残る景色や自然、失われつつある風習の美しさでした。現代のベトナム人が忘れかけている子どもの頃の思い出、心の中の原風景とも言うべきものを再現して見せることで、人々の心をつかもうと考えたのです。

それは全国各地を訪問する中であたためてきたアイデアでした。いつか広告を作るときは、文化的な刺激や味わいのある、人々の心の琴線に触れるものを作ってやろう、とひそかに野心を燃やしていたのでした。

自分で基本のストーリーラインを書きました。テレビが登場するのは映像の初めと終わりに少しずつだけで、機能の説明などは一切行わない。大半のパートは、ベトナム各地を一人の女性が訪れ、美しい情景や伝統的な行事や風習を見て回る様子を描くものとする。

そんな内容をまとめた資料を若手のマーケティング担当者に見せましたが、どうもピンと来ないようです。やはり広告の常道から外れていますし、年齢的にも共感しづらかったのかもしれません。そこで担当領域にこだわらず社員を幅広く集めてディスカッションしました。するとターゲット顧客に近い中高年の社員たちから、「すばらしい」「もっとこうしたらいいのでは」と、積極的な賛成意見が次々に出てきました。若手のマーケティング担当者もそれに触発されて「良い」と感じはじめ、社内は一丸となりました。

喜び勇んで、本社に計画を伝えたり、実際の映像制作をお願いする米国系の広告代理店に話したりすると、こちらは大反対です。「こんなＣＦは見たことがない」「これはコマーシャルではなく、ただのアートフィルムだ」「どうやって商品の特徴を訴求するつもりなのか」などなど。

もっとも、それは現地の文化や人々の心情をよく知らない人たちとしては極めて当然の反応ではありました。

それでも私は、自分で地方を歩き回り、ベトナムの習慣に身を投じて体験してきた感覚から、この広告は成功すると確信していました。そのため私自ら何度も説明して関係者の理解を得ようと努めました。それでも駄目な相手もいましたが、最後は反対を押し切って、自分の責任でそのＣＦの制作を決定しました。

商品説明のほとんどない、60秒間という異例の長さの、ベトナム古来の美と原風景に焦点を当てたＣＦの制作が始まりました。

出演をお願いしたのは、「美しい昔」を歌ったホン・ニュンさんです。先述の経緯での関係もありましたから、きっと引き受けてくれるという期待を胸にエージェントに打診しましたが、あいにくＣＦの制作時期が米国での公演と重なっているとのこと。仕方なく代役を探しはじめましたが、エージェントが念のためにストーリーラインを彼女に説明したところ、ホンさんは強く共感してくれて「自分の思いにぴったりだ。ぜひ出演させてほしい」と言ってこられました。

ホンさんは米国公演の合間にわざわざ一時帰国して撮影に臨んでくれることになりました。当初は反対していた広告代理店も、途中からはベトナム人スタッフを中心に「これはマスターピースになるぞ！」と態度を豹変させて熱心に取り組んでくれました。

10月末、限られた時間の中で撮影が始まりました。地方での収録には移動をはじめさまざまな困難が伴いましたし、天候の急変や、空に揚げる１００個の灯篭風船がうまく飛ばないといったトラブルもありましたが、最後の最後でどのトラブルも片付くという幸運にも恵まれました。そして旧正月の商戦期が始まる直前、ベトナムの美を色鮮やかにとらえたＣＦが完成しました。

会社で工場の従業員を含む全社員を集めてＣＦの試写を行ったところ、大きなどよめきが起こり、非常に感銘を受けてくれたようでした。自国の美に焦点を当てた映像はソニー社員としてだけでなく一人のベトナム人としても誇りに思えるものだったのでしょう、だれもが生き生きとした表情で、放送開始が楽しみだと口々に言いました。販売店の方々にも同じく大好評で、きっと売上が伸びるだろうと期待が高まった様子。そうした反応を目にした私は一定の成功を確信しました。

12月上旬にテレビでＣＦが放送されはじめてからの反響は、私の予想をはるかに上回るものでした。

放送開始の直後から、そのＣＦ自体が新聞などで大きく取り上げられて話題となり、店でのテレビの売り上げは急上昇。「ＣＦで使われているあのモデルがほしい」と指名買いするお客様が相次ぎました。広告を行った商戦期の２カ月間、販売数はもともと強気で高めに設定していた目標を大幅に上回り、マーケットシェア（金額ベース）も競合の韓国メーカーを抜いて念願の1位となったのです。こうした好調の結果、その年度の会社全体の利益も計画を大きく超えました。

驚いたのはビジネス上の成果ばかりではありませんでした。その年の暮れ、ベトナムの国営放送局ＶＴＶが毎年恒例の「今年の10大ニュース」を発表した際、10位に選ばれたのが、なんとこのＣＦでした。一企業の広告宣伝であるにもかかわらず。「祖国の美に焦点を当てたすばらしいＣＦ」と評されていました。

お客様の声を聞こうと販売店等で実施したアンケートでは、このＣＦがお客様に与えた影響として、①「商品の認知度が上がった」に続いて、②「祖国の美を再認識した」、③「ブランドへの敬意が高まった」という結果が出ました。これは望外の喜びでした。商品名はＣＦで連呼すれば覚えてもらえるかもしれませんが、ブランドや会社への敬意はそうはいきません。

この経験を通して、私は現地国の文化を理解すること、現地人の心の奥底を見つめることの重要性を改めて思い知りました。おもしろいことに、こうしたことは現地の人たち自身には意識されていないことが多いのです（その証拠に当初ＣＦのアイデアは当惑されました）。現地の文化と真摯に向き合う外国人だからこそ、文化の奥にひそむものに気づくことができたのだと思います。

また、現地の文化にもとづく発想を遠く離れた本社の人たちが理解することは難しいとしても、自分が現地に入り込んで得た気づきに自信を持ち、それを本社など関係者に伝えて理解を得ることも、現地赴任者の役割です。これもこの経験による大きな学びでした。

※なお、ＣＦは以下で視聴可能です。www.youtube.com/watch?v=iP2pZWxT_3k（Sony Bravia Forgotten Beauty）

現地の祝祭日は大きなチャンス

テレビＣＦの大成功の他にも文化の理解がビジネスに役立った例として、取引先との関係の強化・深化が挙げられます。

ベトナムでは旧正月をお祝いする習慣があります。「テト」と言って一年のうち最も重要な祝祭日とされており、新暦（グレゴリオ暦）のお正月以上に盛大に祝われます。時期はだいたい毎年２月上旬です。

テトの期間中は多くの会社や公的機関は休みになります。日本からベトナムに赴任している人たちはこの休みを利用して日本に一時帰国したり、他国に旅行したりすることが多いのですが、私は毎年、現地にとどまることにしました。ベトナムで一番のお祝いというのだから、その時期にベトナムを離れるなんてもったいないと思ったのです。

旧正月には取引先に年始のごあいさつをして回るのがベトナムの商慣習だと聞いていたので、それに従って毎年、家族を連れてあいさつ回りをしました。取引先のオーナーの方などの自宅にお邪魔して家族ぐるみで飲んだり語り合ったり。妻もこの習慣を楽しんでくれて一緒に民族衣装のアオザイを着て同道してくれました。

私は赴任してからベトナム語を勉強していました（夜は残業や付き合いで時間を確保するのが難しいため、毎朝6時半から7時半、先生に自宅に来てもらって学んでいました）。それを活かして旧正月で年始回りをする際、ベトナム語での会話にもチャレンジしました。

この年始回りは楽しかっただけでなく、ビジネスにも大いに活きたと感じています。取引先の方々と家族を交えた温かく深い関係を築くことができました。それは単に「強い関係」というだけではありません。現地の文化・慣習を尊重する姿勢を行動で示していくことで、その関係にはお互いへの敬意（リスペクト）が入ってくるように思います。単に良いビジネスパートナーというだけではない、人として信頼できる相手だと互いに思える関係になっていくのです。

そんな関係が築けていれば、仕事の上で仮に意見が割れることや厳しい要求をすることがあったとしても、互いに相手を尊重しながら折り合いをつけていけるのではないでしょうか。現に、こうした取り組みによって良い関係を築いたことが、後にお話しする難局に向き合う上で私を支えてくれたのでした。

もちろん休暇ですから、どう使うかは個人の自由です。ただ現地の重要な祝祭日にそれを味わってみないのは、もったいないとも言えます。むしろ、そういう時期だからこそ現地にとどまり、現地の人と一緒に祝い楽しむことで得られるものはとても大きいと思います。これから海外赴任する人には、時には現地の行事に積極的に参加してみることをおすすめします。

さて、取引先との関係づくりという面では、さらに印象深い出来事が一つありました。

こういう商売をしていると毎年、優良な販売店・代理店・セールスマンなどを海外旅行に連れていくインセンティブ・トリップ（報奨旅行）というものがあります。どこの会社でもやるので、同じような旅行を提供していても十分なメリットがありません。

やるからには他社とは違うものをと毎年趣向を凝らしていました。運営面で旅行代理店に入ってもらってはいましたが、あくまで私自身や社員が主導権を持ち、自ら駆け回ってお客様（取引先）の方々をご案内するというのが私のやり方でした。

せっかくのお客様との濃密な時間ですから、関係づくりに最大限活用しないともったいない。社員にとっては大変ですが、自ら「おもてなし」に努めるぶん、必ずお客様からは感激され、「御社の旅行は他社とは違う」と、毎年の旅行に参加できるのを楽しみにしてくださるのです。

私が赴任してから最初の2年間は、主導権をとって実施するため、私が以前赴任してよく知っている国を行き先に選んでいました。

3年目はお客様の希望が多かった米国を行き先としました。が、米国は私自身にとってはなじみの薄い、土地勘のない国です。ここでどうすれば「特別な旅行」を実現できるか悩みました。

そして私が見出した答えは、やはり現地の文化の中にありました。

サプライズで心をつかむ

報奨旅行の企画内容に悩んでいたある日、歌を聴いていてふと思いついたのは、例の「美しい昔」を最初に歌った歌手のことでした。例のCFに出演してもらったホン・ニュンさんはいわば二代目の歌い手で、最初にその歌を歌ったのはカイン・リー（Khanh Ly）という歌手です。

カイン・リーは作曲家チン・コン・ソンの愛人だったとも言われており、その歌のできた背景にも通じ、歌い方も味わい深く、その人柄の良さとも相まって年配のベトナム人から非常に敬愛されている歌手です。1960年代後半にタッグを組んだ二人は国民的な人気を博していましたが、時代はベトナム戦争の暗い影に覆われていきました。チン・コン・ソンは反戦歌を作っていたことを問題視されて当局に音楽の発表を禁じられ、カイン・リーは1975年のサイゴン陥落の際、難民となって米国に亡命しました。以後、その絶大な人気にもかかわらず祖国に帰れず、国内でのCD発行も認められないという悲運の中にいました。ベトナム人が海外旅行に行くとカイン・リーのCDをおみやげに買って帰ることがあるといいます。

私は歌を通してはもちろん、ベトナム語のヒアリング教材として彼女のインタビューを何度も聴いていましたから愛着がありました。

そこで、米国に旅行に行くならば、カインさんを招いて特別なミニ・コンサートを開催できないかと考えました。そうすれば米国に行く意味が増しますし、私たちならではのユニークな旅行にできるでしょう。ベトナム人の取引先の方々はみな感銘してくれるに違いありません。

しかし、カインさんは高齢で半ばリタイアした身。コンサートといっても、一企業の取引先報奨旅行の余興のために歌ってくれるかどうか自信がありませんでしたが、私は「美しい昔」の歌とベトナムという国への思いをこめて自筆の手紙を書き、カリフォルニアに住むカインさんに送りました。どうだろうかと心配しつつ待っていると、思いが通じたのか、やがて返事がきました。

「あなたの思いとベトナム文化への理解に感動しました。コンサートを開きましょう」

私はこのコンサートをサプライズイベントにするため、一人の社員にだけ計画を話し、だれにも気づかれないよう注意しつつ、二人ですべての手配を行いました。旅行に出発してからも秘密を貫き、いざ当日になってから参加者に「今晩のディナーは特別だから絶対に参加してほしい」とだけ伝えました。

ロサンゼルスでのある晩。小さなステージのある中華レストランを借り切ってのディナーの後です。私が例によってマイクを持ち「美しい昔」を歌いました。一番の歌詞の後の間奏で拍手が起こり、二番が始まるところで突然、歌声が変わります。聞き覚えのある、懐かしい歌手のハスキーな歌声……。皆が「あれ？」と驚いた瞬間、スポットライトが後方の扉を照らします。計画どおりの進行でした。

扉が開き、あの老歌手カイン・リーがマイクを片手にゆっくりと入ってきました。

その瞬間の会場のどよめきはすばらしいものでした。皆が後ろを振り返り、手をたたき、まわりの人たちと「本物!?」「どうしてここに？」と確かめ合い、「すばらしい！」「すごい！」といった驚嘆と感動の言葉が飛び交います。

やった！　私は心の中で喝采していました。

それからの小一時間、カインさんは歌と話で皆を歓喜させ、感動させ、涙させました。そして異国の地でベトナム人たちの愛国心とプライドを高揚させたのです。

終わった後も皆で彼女を囲み、興奮冷めやらぬ時が続きました。

翌朝、何人もの取引先の人たちから「昨晩はとても感動しました」「この旅行に招待してくれてありがとう。来てよかったです」、そして「あなたのような外国人に、どうして私たちの心の中がわかるのですか」などと言われました。皆の私を見る目が、前日とは明らかに違っているのを感じました。

しかし、一番感動していたのは私自身だったのかもしれません。あのカラオケで偶然聞いた一曲から、よくここまでの展開を実現できたものだと……。

このようにして、私のベトナム文化理解の試みは、ビジネスにおいて予想以上の成果につながっていきました。

文化といっても、始まりはたった一つの歌との出会いです。しかしその一曲を自分なりに掘り下げ、さまざまな場面で活用することで、現地の人たちの心を理解し、共感を得ることができたと思います。振り返れば、インドでの映画、ルーマニアでのチョルバ・デ・ブルタを起点にした展開もこれに通じるものがあります。ですから、歌でも映画でも料理でも、どんな文化の一端であっても、関心と敬意を払って深く掘り下げること――いわば「極める」ことで、思いがけないチャンスが得られるのではないでしょうか。

また、歌のエピソードからは、文化を極めるというアプローチが企業経営のさまざまな面で活かせることもご理解いただけたのではないかと思います。社員やお客様との関係構築だけでなく、テレビCFの話は現地の人々の心理的傾向をとらえることで成功した広報・マーケティングの事例と言えるでしょう。各地を回って現地に溶け込もうとしたからこそ、祖国の美に対する人々の秘められた思いに気づき、掘り起こすことができたのだと思います。

そもそも文化とは、人々がその感性や価値観や信条を長い時間をかけて積み上げ、洗練させ、凝縮したものです。ですから、「文化を知る」ことは「人を知る」ことと言えます。だからこそ、マネジメントにさまざまな形で役立つのです。

さて、ここまでの話では、私のベトナムでの仕事はきわめて順風満帆だったと思われるかもしれません。しかし一方で私は、マネジメントとして、経営者としての力量を問われる大きな難題に直面することとなりました。以下、本章の後半ではそれについてお話しします。

「お前はアイが多すぎる」

2007年1月、ベトナムはWTOに正式加盟しました。前々から想定されていたこととはいえ、予想よりも早い動きではありました。

WTOへの加盟自体はたいへん喜ばしいことでした。市場経済が発展しますし、世界におけるベトナムの認知も高まります。グローバル化の時代の中、新たな市場を求める多くの企業にとって、ベトナムの市場開放はまさに待望の変化でした。

しかし、古い法律に従い現地企業との合弁会社を作って進出し、完成品輸入への規制の下、部品を輸入し現地の工場で製造して販売する、というビジネスモデルをいち早く築き上げてきたソニーのような会社は、難しい舵取りを迫られることになりました。これから市場開放が進むベトナムで事業を続けていくなら、中長期的には完成品輸入にメリットがあるのは明らかだったのです。

一方で、ベトナムでは共産党政権の下、労働者は手厚く保護されている上に、合弁相手の企業もベトナム社会に深く根差し、場合によっては政府ともつながっています。長らくビジネスを行ってきた外資系企業としては、WTOに加盟したからといって簡単に手のひらを返して従来の取引関係を断ち切るわけにもいきません。

市場開放に対応して自社のビジネスモデルを変えていく必要性があるものの、それを実行するのは容易ではなさそうでした。

ベトナムに赴任するときからそのような不安はありました。私自身としては、できれば自分のいる間は合弁の解消や工場の閉鎖などといったことにならなければいいな、というのが本音でした。それもあってか心の中では、そう簡単にＷＴＯ加盟はかなわないだろうという「希望的観測」をしていました。

しかしプロセスは予想以上に早く進み、加盟が決まって間もないある日、本社から打診がありました。

「現地企業との合弁を解消し、工場も閉鎖して、独資の新会社を立ち上げて完成品輸入に切り替えていくべきだと思うのだが、現地赴任者としてはどう考える？」

ついに来た！

その瞬間に私の中にわき起こったのは強い抵抗感でした。

赴任直後からこの時まで、ベトナム中の拠点を訪問し、ベトナム文化の理解に努め、ベトナム人の社員たちと深く強い絆を作り上げてきた自信が私にはありました。工場にもほぼ毎日顔を出していたため、この国に来るまではなじみのなかった製造現場にも愛着がわいていました。社員の飲み会になるべく顔を出して歌を歌ったり、自宅にも社員を招いたりして関係を築いていました。そして一人ひとりを大切にしているということを伝えるため、誕生日の社員には手書きのメッセージを添えたバースデーカードを私自ら手渡したりもしていました。生産担当の別の赴任者も情熱をもって社員を指導していました。

合弁解消・工場閉鎖となれば、こうして親しくなったスタッフの多くを解雇しなければならないでしょう。急速に経済成長しているベトナムとはいえ、安定した給与を得て安心して働くことのできる職場はまだ決して多いとは言えません。オフィスや工場で私を見かけると笑顔であいさつしてくれるベトナム人スタッフたちを思うと、本社からの打診を黙って受け入れる気にはなれませんでした。

製造現場の士気の高さや作業のクオリティなどを挙げつつ理屈をつけてみたり、ベトナムにおける製造の将来性を語ってみたり、私は本社の上司に対して合弁解消・工場閉鎖への反対意見を口にしました。

上司は私の現地での取り組みに一定の理解を示してくれながらも、シビアな姿勢を崩しません。ひとしきり話した後、私の「社員志向」ぶりに苦笑しながら上司は言いました。

「お前はアイが多すぎる！」

私の名前 Itoki Kimihiro に5つも「I」の字があることに掛けたうまい冗談ですが、社員への愛情が過多で、そんなことでは厳しいビジネスの世界でやっていけないぞという批判でした。もっと合理的に判断するべきであり、時には冷徹な措置も必要だという助言です。グローバル化が進み、さらなる競争激化が叫ばれる中、そうした考え方に触れることが増えていました。

私の中には工場閉鎖への抵抗感がありましたし、恐れすらありました。しかし一方で、実際の所、何が本来あるべき形なのかは私にもわかっていました。結論は見えていたのです。ただ、気持ちがそれに追い付いていませんでした。

工場閉鎖の暑い夏

いろいろと考えた末に、私は二つの結論を出しました。

一つは、いつか工場を閉鎖しなければならないのなら、自分の手で閉鎖しよう、ということです。閉鎖が避けられない道であるなら、工場に愛着を持っている者がその任に当たるのが、現場のスタッフにとって最も良いと思ったのです。仮に本社から突然乗り込んできた他のだれかによって、ここで働いてきた人たちの気持ちを汲まずに淡々と閉鎖の作業が行われたとしたら……。それこそ避けるべきことでした。

もう一つは、情報はすべてオープンにして、透明なプロセスで閉鎖を進めようということです。そうすることで、現地スタッフに閉鎖についてしっかりと理解してもらい、必要となる業務を確実に行ってもらうためです。そして、閉鎖は残念だけれども、最後まできっちりと仕事をやり切ったという実感をもって辞めてもらいたいと思ったのです。

本社に伝えると、本社の方針を受け入れたことについて感謝を示してくれながらも、透明な閉鎖プロセスをとるというアイデアに対して難色を示されました。まだ伏せておくほうがいい、と言うのです。

最終的な結論が本社で下されてから実際の閉鎖までは4カ月の期間がありました。これまでに同様の業務を経験したことのある各地の先輩たちは、「閉鎖の話は今すぐには従業員に伝えず、タイミングを熟慮してなるべく後にすべきだ」というアドバイスをくれました。

その理由は、労働争議や条件闘争が起こった場合にその期間が短くて済むからであり、また閉鎖発表から実際に閉じるまでの間、往々にしてサボタージュや退職が相次いで生産に支障を来すからです。なるほどと頷けるアドバイスでした。近隣諸国や他社の生産拠点でしばしばそんなことが起こるのは私も見聞きしていました。

しかし、私はそれまでの2年間に培ってきた社員との関係を、そして社員の私に対する信頼を信じていました。また、ベトナム人の情報収集能力の高さもわかっており、隠しても無駄だとも思っていました。

それに、隠すことは不可能なだけでなく、社員の士気にとって逆効果だと思いました。マネジメントへの信頼を損なうことにしかならないように思えたのです。解雇せざるを得ない社員に、そんな思いはさせたくない。この会社で働いてよかったと思って辞められるようにしてあげたい。

私は本社の懸念を押し切り、自分の一存を通させてもらいました。そして社内の諸条件が固まった閉鎖3カ月前の段階で、ただちに発表することにしたのです。

6月のある日、スタッフ全員を集め、私は切り出しました。

「残念なお知らせをしなければいけません。この工場を閉鎖することになりました」

やはり噂で薄々予感していた者が多かったのでしょう。大半のスタッフは、驚きや戸惑いというよりも、ついに来るべきものが来たという、何かを覚悟するような落ち着いた表情で私を見ていました。

ＷＴＯ加盟で生じている事業環境の変化、激しさを増す国際競争、ベトナムが貿易自由化によって市場経済を発展させていくことの大きな意義、その中で不可避的に必要となる産業構造やビジネスモデルの転換、そしてこの工場がこれまで果たしてきた役割と変化の必要性……なぜ工場を閉鎖しなければならないのかを努めて丁寧に説明した上で、スタッフ一人ひとりに対してできる限りの支援を行うことを伝えました。

「これからどうするかは皆さん一人ひとりの判断ですが、閉鎖までの３カ月間、工場は動き続けます。最後まで残ってこの会社での仕事をやり切ってもらえるように支援のプログラムも用意しました。お客様にも満足していただけるよう最後まで一緒にやりましょう」

こうして最後の３カ月が始まりました。

私は毎日、工場に顔を出して様子を見て、話を聞いたり、激励したりしました。生産担当の日本人赴任者も、現場の士気を保つために尽力してくれました。待遇面では、解雇する社員に最大限の金銭的な手当を行ったほか、最後まで働く場合のインセンティブも付与。

また人事部門をあげて一人ひとりの次の雇用先を探しました。「アイが多すぎる」と言われようが、社員が最後まで気持ちよく働けるようにすること、少しでも先行きの不安を取り除くことを重視したのです。

こうした進め方について、本社側には懸念と不安があったとは思いますが、私の方針を尊重して、強く支援してくれました。

ありがたいことに、私の行った施策はすべてポジティブに作用しました。閉鎖までの3カ月間、労働争議は一切起こりませんでした。途中で辞める人も数えるほどで、生産活動にはまったく支障を来さなかったのです。

オープニングのようなエンディング

2007年9月。それまで14年間にわたって稼働し続けてきた工場での生産活動が終了しました。

不安と寂しさの中で迎えたその日は、しかし意外な出来事が続きました。工場の従業員やエンジニアが朝から私の部屋に贈り物を持ってきてくれたり、サインを求められたり、一緒に写真に写ってくださいと頼まれたり。解雇する側の張本人としては当惑するようなことばかりでした。

また、工場閉鎖は地元の新聞に取り上げられ大きな記事になりましたが、後に確認したところ、閉鎖を惜しみはするものの批判的な書き方をしているものはありませんでした。ある記事の中には工場の従業員のこんなコメントが紹介されていました。

「会社には本当によくしてもらいました。閉鎖は残念ですが仕方ないことです。もしいつか機会があれば、また同じ会社で働きたいです」

私は目頭が熱くなりました。そして自分のやり方が正しかったことを確信しました。すでに合弁解消に伴って新たに独資の販売会社を立ち上げており、販売・マーケティングなどのスタッフを移管して仕事も開始していました。その指揮もあるため工場閉鎖の感慨にふけってばかりはいられないのですが、感謝と感動と寂しさと当惑の入り交じった気持ちで胸が一杯になりました。

一人ひとりと握手をし、ハグし合い、最後に全員で集合写真を撮って、解散。

私はだれもいなくなり静まり返った工場を感慨深く一回りしてからパソコンに向かい、本社に「工場閉鎖、無事に完了」と報告のメールを書き、撮ったばかりの集合写真を添付して送信しました。

ほどなく本社や事業部の人たちから返信がありました。「心配していたがスムーズに終わったようで良かった」「ご苦労様でした」といったねぎらいの言葉に加え、「ところで、あの写真は何だ?」というコメントが添えられていました。「閉鎖ではなく、オープニングの記念写真みたいじゃないか」と。

改めて写真を見つめました。たしかに皆、寂しそうな表情ではなく明るい笑顔を浮かべ、手を振っている人も何人もいます。閉鎖という状況を考えれば、普通はあり得ない写真だったかもしれません。それはおそらく、全員が工場閉鎖の意義を理解し、会社の対応にも満足し、情報をオープンに伝えられ、閉鎖のプロセスを熟知した上で、この日を迎えたからではないかと思います。そして何より、私たちの間には信頼がありました。

1年半後、私はベトナムを去りましたが、その送別会にはこのとき解雇した工場のスタッフたちも駆けつけてくれたのです。

この工場閉鎖を円滑にやり遂げたことと、先に触れたテレビCFなどが奏功して得られた高業績をグローバルな会社全体の中で評価され、ベトナム現地法人は「社長賞」を受賞

工場閉鎖の日の記念写真

しました。そして以前「お前はアイが多すぎる」と私を批判した上司も、「結局、おまえのやり方は正しかったな」と言ってくれたのです。

文化を極め、社員一人ひとりに向き合う現地志向、人志向のマネジメントは、一見「非効率」で「非合理的」に見える面もあるかもしれません。しかし仮にそうではない、効率的で合理的なアプローチで工場閉鎖を進めていたら、この例のように円滑にはいかなかったかもしれません。事実を隠そうとするマネジメントの姿勢に従業員らは不信感を持ち、閉鎖の発表があれば労働争議が起こされ、仕事は粗くなり、不満と落胆の中で会社を去ることになったかもしれません。そして会社のブランドに対するイメージも大きく変わることになったでしょう。それがベトナムでの以後の事業展開に影響しない理由はありません。

ビジネスには変化がつきものです。私たちの仕事は、新規事業や、新商品の開発、売上拡大のための施策など華々しいものばかりではありません。時には事業の縮小、撤退、商品の廃止、リストラなど、「後ろ向き」の仕事が必要になることもあります。それらは一般に、冷徹で厳しいマネジメントの話として語られがちです。しかし、厳しい施策をとることと、人を尊重するということは、相反するものではありません。仮に解雇が必要になったとしても、非情に切り捨てるのではなく、笑顔で去ってもらえるようにすること。それは不可能ではないはずです。それこそマネジメントの責任ではないでしょうか。

ビジネスは人が行うものです。現地志向、文化志向、人志向のマネジメントは、長期的には必ず報われると私は思っています。

そしてまた、私はこのベトナムでの経験を通じて、文化を知り、人を知ることの経営上の意味も深く実感することになりました。現地の文化に親しむこと、現地社員と密な関係を築くことは、それ自体がビジネスや人事上の効果を生むだけでなく、その国での事業・組織を代表することへの自分自身のコミットメント（決意）を醸成することにもつながります。本社に対し、その国でのビジネス展開に何が必要か、グローバルな共通方針の中でどう現地最適化するかといったことを、果敢に、かつ気負いなく堂々と述べる。そんな現地トップとしての行動が自然にできるようになってくるのを、私はベトナムでの日々の中で実感しました。社員との関係が私自身を成長させ、前進させてくれたのです。

さて、この章から本格的にマネジメント視点の話になってきましたが、もちろんマネジメントの課題はここで触れてきたものにとどまりません。とりわけ組織のトップという立場になると、人々を理解することに加えて、人々に自分を理解してもらうことが極めて重要になります。次の章ではそこに焦点を当てましょう。

この章のポイント――文化を知り、人を知る

- 現地の文化の中で「自分の好きな一分野」を極めてみると、さまざまな面で役に立つ。
- 現地の文化の魅力を深く探っていけば、ビジネスへの示唆も得られる。
- 何か一つでも現地人に驚かれるほど文化に詳しくなれば、関係構築に大きく活かせる。
- 社員と経営陣が信頼し合える関係を築ければ、難局も乗り越えていける。
- 現地との信頼関係は、その国と任務へのコミットメントを生み、自分の成長につながる。

第5章

自分を見せる

「三重苦」の国・韓国へ…コミュニケーションで会社を変える

▼現地法人社長　▼組織文化改革／PR／プレゼンテーション

苦手な国だったから受けて立つ

ベトナムでの生活が4年ほど過ぎたある春の午後、アジア地域本社の上司から電話がありました。

「突然だけど、異動の話があるんだよ」

そら来た！　と思いました。ちょうどこの頃、私は自分の今後について考えを巡らせていました。続けて8カ国も赴任してきた中で、そろそろ独立して自分で仕事をしてみたいという希望がわいていたのです。日本の母が老いてきたことも気になっていました。そのため、次に異動の話があったら、我を通して日本に帰らせてもらうか、場合によっては独立しようと考えはじめていたのでした。

ついにやってきた決断の時。この機に帰国して、という思いもめぐる中、そんな気持ちは声には出さず、今度はいったいどこの国ですかと聞くと、やや間があってから上司は答えました。

「……実は、韓国なんだ。現社長が急に退任することになってね」

韓国！　それは考えてみたこともない選択肢でした。

なにしろ韓国といえば巨大なライバル企業であるサムスン、ＬＧ電子の本拠地です。そこで外資系企業として戦っていくには特別な才能が要ると考えていたため、私は自分にはまったく関係のない国だと見なしていました。それにソニー・コリアの歴代社長は一貫して韓国人が務めており、それが当然と思われていたのです。

また、個人的な思いもありました。韓国メーカーとの激しい戦いや政治絡みの日韓関係の報道を通して、韓国には良い印象を持てないでいました。日本には近いかもしれないが自分には縁遠い国。そう思っていました。

一方で、隣国を好きになれない自分というのも、あまり気分の良いものではありません。このことを心の中の「韓国問題」と呼んで、妻と時折「どうすれば解決できるかな」などと話をしていました。

ですから、行き先が韓国だと聞いたとき、驚きとともに「これは『韓国問題』を解決する最大のチャンスだ！」という、何か啓示のようなものを感じました。

上司と話した後に妻に電話すると、開口一番言いました。「あなた、それは運命よ……」

もはや新たな赴任地には行くまいと思っていたのを翻して私は心を決めました。韓国ソウルの現地法人、ソニー・コリアの社長としての仕事。これまでにない挑戦です。しかし私の心には、三つの大きな懸念がのしかかっていました。

- 競合との関係……強力な競合他社の本拠地でどのようにビジネスを展開するべきか。
- 社員との関係……歴代社長を韓国人が務めてきた中、初の日本人社長が社員に受け入れられるか。
- 社会との関係……日韓関係がぎくしゃくしている中で会社の存在をどうアピールすべきか。

いずれも難題であり、私はこれを韓国における自分の任務の「三重苦」と考えました。

２０１０年7月、悩みを抱えたまま私はソウルに到着しました。すでに三人の子どもたちはみな日本の大学へ進学していたため、今度は妻と二人での赴任でした。まだまだ発展途上のベトナムと違ってソウル市内は整備されており生活しやすいのは確かです。しかしそれは9カ国への赴任の中でも一番大きな、胃が痛くなるほどの不安を抱えながらの着任でした。

大きな組織で通用するか？

さて、大きな不安を抱えてスタートした韓国での仕事ですが、結果から言えば、大きく予想に反して先程の「三重苦」をすべて克服することができました。そこに至るまでの試行錯誤を以下でお話ししていきたいと思います。

ただし、三つのうち「競合との関係」は、当時の会社の固有の事項ですので、読者の皆さんの直接の参考にはならないでしょうから、ここでは触れません。各事業には優秀な赴任者がいて、私自身がビジネスの細部に入り込む必要もなかったのです。厳しい中にも韓国メーカーに対する部品ビジネス、放送局ビジネス、デジタルカメラの人気など恵まれた材料があり、それを各事業の赴任者の尽力と本社の支援とが育んでいました。

私が現地法人のトップとして注力したのは、「社員との関係」「社外との関係」を抜本的に変えることでした。すなわち、停滞感のあった当時の現地法人に新たな風土をつくりあげること、さまざまな面で意気消沈していた社員たちを活性化すること、そして会社のイメージをどうにか向上させることです。

これらが実現していくのと並行して業績は大きく改善していきました。活性化した社員たちがそれぞれ尽力して成果を生み出してくれたのだと思います。

そういう意味で「社員との関係」は、高業績を支える極めて重要なファクターでした。また、ビジネス環境そのものを味方につけ、社員や取引先の士気にも大きな影響を与える要素として、「社会との関係」のファクターも同様に重要なものです。仮にこうした点に意識を払わず販売戦略ばかりに集中していたら、結果はまったく違ったものになっていたでしょう。

ともかく、以下この章では、そのような重要性を持つ「社員との関係」と「社会との関係」における取り組みについてお話ししていきます。まずは「社員との関係」、歴代社長を韓国人が務めてきた中、初の日本人社長が社員に受け入れられるか、についてです。

現地にどう溶け込むか、どうやって人の心をつかむか、という点については何度もお話ししてきました。しかし韓国での課題は、それまで8カ国で経験してきたものとはいろいろな意味で異なっていました。

一つの大きな違いは、組織の規模と複雑さです。かつて最初の赴任地であったインドで映画を観ながら四苦八苦していた頃、日本から出張してきた人事部長が私にこう言ってくれたことがあります。

「糸木さん、インド人社員の間であなたの評判は良いね。親しみやすくて、よく面倒を見てくれると言っていたよ。ただ、そういう家族的なコミュニケーションは、今の人数だからできていることだ。将来もっと大きな組織を持ったときに、同じようなことができるかどうか。どうすればできるか。それを考え続けることだね」

たしかにインドでの私のチームは10人ほどの小所帯でした。もっともな指摘だと思い、折々この言葉を思い返して考えてきたわけですが、欧州本社にいた頃も直接関わりを持つ人数は限られ、ある程度の大人数を相手にしたのはベトナムが最初でした。ベトナムの販社・工場を足すとスタッフは５００人ほどいましたが、誕生日を迎えた社員一人ひとりに私がバースデーカードを手渡しすることが（大変でしたが）できていましたから、なんとか「目配りが利く」範囲内だったと言えるかもしれません。どうにかアットホームな雰囲気をつくることができていました。ただ、日々の業務については生産担当の別の赴任者がいて熱心に監督してくれていたため、私自身の負荷はずいぶん軽減されていたのです。

韓国では、社員は350人ほどでしたが、工場の生産ラインに立っているわけではなく、さまざまな業務分野で営業やマーケティングの仕事をしており、管理はそう容易ではありません。また韓国社会の傾向でもありますが、上下関係とヒエラルキーが重視され、やや堅苦しく、風通しがよくない印象がありました。上司が部下を厳しく叱咤激励する光景が日常的に見られる一方、部下が上司に意見するような場面はないのです。それは私が以前の赴任地でめざしてきた、親しみやすいアットホームな雰囲気とは大きく異なります。

韓国に現地法人ができてから10年以上、韓国人が社長を務めてきたため、ソニーといえども、そのような韓国風の雰囲気が色濃くできあがっていました。そこへ事業環境が厳しくなった中で送り込まれてきた初の日本人社長。それが社員たちの目にどのように映るかは容易に想像できました。リストラをするのではないか。自分たちのやり方や慣習を壊して日本流を押し付けるのではないか。そんな懸念があっても無理はありません。少なくとも、韓国の文化・慣習に通じていない外国人がトップでは、いかにもやりづらいと感じるでしょう。

着任直後、私を取り巻く韓国人社員たちの態度は、礼儀正しくはあるものの、どこか冷ややかでした。緊張や警戒心もあったでしょうし、「お手並み拝見」といった気持ちもあったようです。

トップは孤独なものだと言われますが、このときの私もそうでした。見ず知らずの場所に頼れる人もなく一人で踏み込み、冷ややかな視線の中を歩いていく気分。そして後戻りはできず、前に進むしかないのでした。

不安なのは現地社員も同じ

この人たちの中にどうやって溶け込み、信頼を得て、全社一丸となることができるか。いろいろと悩みましたが秘策はありません。しかし、私が不安を感じているのと同じように、あるいはそれ以上に、現地社員の人たちの冷ややかな視線の裏には不安があるのだということを思いました。

これは海外赴任に臨む方々すべてにぜひ考えてもらいたいことです。

着任前はだれでも、期待とともに新たな土地と人々に対する不安を持つものです。うまく溶け込めるか、受け入れてもらえるか、意思疎通がスムーズにできるか、そして目標とする業績を達成できるか。さまざまな不安や課題にどう対処するかで頭が一杯になるかもしれません。

しかし、不安があるのは赴任者だけではありません。受け入れる側の現地社員にも、異国から乗り込んでくる赴任者に対する不安があるわけです。しかも多くの場合、赴任者は現地社員にとっての上役としてやって来ます。自分たちを管理し、仕事の指示を出す人がどんな人なのか、その不安は赴任者よりも大きいのかもしれません。

自分たちの文化や慣習を尊重してくれるだろうか。親しみやすく、話しやすい人だろうか。社員の話をよく聞いてくれるだろうか。前任者とやり方が大きく異なることはないだろうか。自分たちが困っていることを進んで解決してくれるだろうか。自分の仕事や役割にどんな影響があるだろうか。……赴任者としては、なるべく早く、そうした不安に応えていかなければなりません。

私はまず「自分を見せる」ことが鍵だと考えました。

つまり、自分自身がどんな人間であるか、どんな考えを持ち、何をしようとしているのかを、積極的に示していくということです。

まずは以前の赴任地でもしてきたように、現場を回ることから始めました。社員や取引先の声に耳を傾けるのです。その際、日本や他国での経験と比較してそれを安易に口に出すのは望ましくない、ということはこれまでの経験からわかっていました。偏見を持たずに現地から学ぶという姿勢を示すことが大切です。

また、現場で一人から一回聞いたからといってその話を鵜呑みにするのは禁物です。誤解もあり得ますし、他の社員の中にも別の見方があるかもしれません。真摯に耳を傾けながらも鵜呑みにはせず、繰り返し多くの人の話を聞くことが大切です。

もちろん、競争の激しい中、悠長に話ばかり聞いてもいられませんし、現地の社員たちとしても、新たな赴任者がどんな方針を掲げるのか興味津々で待っているわけです。私は、よく言われるように「100日、3カ月」の期間を目途にしました。最初の3カ月はインプットの期間と割り切って、学びに徹する。その期間のうちに自分の考えをまとめ、進むべき方針を明確化して皆に示し、4カ月目からその方針に沿って一丸となって動き出す。そんな流れを思い描きました。

企業によっては、私がベトナムで70余りの町を回ったように、地方をくまなく見る必要があることもあるでしょう。幸い韓国では、ソウル市内への集中度合いが高いこともあり、現場を見て回るのにそれほどの苦労はありませんでした。各部署で話をじっくり聞いて、組織が直面している課題を確認し、これから取るべき方針へのヒントを得ていきました。サムスンやLG電子に真っ向勝負を挑むのではなく自社の強みに集中するという方針も、この現場視察の中で固めていきました。

そして、社内を回ってじっくり話を聞くという行動によって、自分の「現地志向」を社員にはっきりと示していったのです。

文化を通じて「ウリ」の輪に入る

韓国では「私たち」のことを「ウリ」と言うのですが、これは日本語の「私たち」よりも深く強い意味をもっています。同じ出身や所属、同じ意識を持つ「閉じた集団」のような感覚です。そういうウリの輪がそこかしこにあり、皆がそれを意識して過ごしています。彼らの中に溶け込むということは、そのウリの輪に入るということなのです。

やはり文化が一つの手掛かりになるはずです。現地社員たちが私に向ける緊張の眼差しを和らげるためにも、積極的に韓国文化志向を示して、親しみやすいと思ってもらわなければなりません。

私は着任したその日から、いろいろな韓国料理をせっせと食べはじめました。カムジャタン、ソルロンタン、カンジャンケジャン、チャジャンミョン……食べ物というと簡単な話と思われるかもしれませんが、アジア圏では食べるということについて日本以上に強いこだわりがある国も多いのです。韓国でも「食事した？（パプモゴッソ）」という表現があいさつとして使われるように、食べることはとても重要です。たとえば立食という食事形式は好まれません。

これまでの8カ国、日本人にはなじみが薄くても現地の人にとって重要な食べ物は、好き嫌いなく食べるようにしてきました。韓国でも同様です。多くの日本人は顔をしかめそうですが、犬料理や、アンモニア臭の強烈なサムハップ（エイを発酵させ豚肉とキムチを合わせて食べる）なども、出されれば進んで食べ、慣れるように努めました。

特に印象に残っているのは、着任直後の納豆汁との出会いです。

慣れない街を歩いていたとき、ある特徴的な匂いに誘われて、たどって行ってみると路地裏の小さな店に行き着きました。とてもきれいとは言えない店で、普通の外国人なら入るのもはばかるような店でした。私もためらいましたが、風変わりで美味しそうな匂いが気になり、これは現地文化の探検だと自分に言い聞かせ、思い切って入ってみたのです。

それが納豆汁の店でした。チュンゴクジャンといって、蒸した大豆を発酵させた、日本の納豆に近いものをベースにした鍋料理です。食べた後は服にも残り香がつくほど匂いの強い食べ物で、そのため韓国人でも好き嫌いが分かれるようです。ただ、私の味覚には合いました。大好物になり、以後しばしば食べに行きました。

外国人である私が「チュンゴクジャンが好きだ」と言うと、現地の人たちはたいてい珍しがり、喜んでくれました。それがきっかけで楽しく話題がはずみ、親しくなれるのです。ありがたい食べ物との出会いでした。

もちろん、文化は食べ物だけではありません。社内では英語が公用語となっていましたが、文化の理解・尊重の姿勢を示すためにもとベトナム語と同様、韓国語の勉強を始めました。特にセレモニーなどでは、拙いながらも基本的に韓国語でスピーチをするようにしました。現地語でのスピーチは、社内的には社長としての、社外的には会社としての、その国に対するコミットメントとして映るのです。50の手習いは楽ではありませんでしたが、先生の助けを得ながら身に着けていきました。

社内ブログで自分を開示

地域本社の上長から勧められて始めた社内向けのブログは、「自分を見せる」上でとても効果的でした。

それまでブログなど書いたことがなかった私ですが、使ってみてすぐに「これはいい！」と思いました。伝えたいメッセージをカジュアルな形で表現できるからです。メールのように一方的に「送りつける」という感じはしませんし、写真も載せられるので伝わりやすいと感じます。

しかし、だからこそ、説教じみたことや真面目なことばかり書いていては、おもしろみがなくて読んでもらえません。ブログでしか知れないことや、意外性やおもしろみのある話を織り込んで、読者を獲得しなければなりません。楽しく読んでもらえる記事の中に、自然な形で伝えたいことの幾らかを交えます。そうして、自分自身への理解と親しみが増し、最後まで読むと伝えたいことも伝わるという形にできれば良いのです。

私の場合は、味わってみた韓国料理の話をはじめ個人的な体験談や関心事（外国人による自国の体験記には皆が興味を持ちます）、社内イベントの裏話やグループ会社の逸話（裏話やメーキングシーンはおもしろい上にその活動への理解が深まります）、本社での重要ミーティングの様子（しばしば本社での会議の「隠し撮り写真」も付けて重要事項が決まる場面を見せました）などをテーマにしました。社員ならだれでも関心があるもののあまり知る機会のないことを書いた記事は特に人気でした。ありきたりな通常業務に関することは意識的に避けつつ、記事の結びで仕事につながる「オチ」をつけるように心がけました。

上下関係の意識が強い韓国の企業社会。上司はいつも堂々として強そうな、「偉い人らしい」態度をとるのが当たり前という空気がありました。私から見ると、権威主義的に見えたり、威張っているように感じられたりする振る舞いが多く見られたのです。そういう中で、新たにやってきた外国人社長が慣れない韓国料理をおそるおそる食べてみる話や、フォーマルな記者会見の裏でドタバタしている様子などをつづったブログは、たいへん好評を博しました。おもしろい記事を載せるたびに、社員たちの私を見る目が少しずつ変わっていくのが感じられました。

もちろん、カジュアルな媒体だからといって、社長が仕事として書くものですから、いい加減に書いていいわけではありません。原稿を書いたらまず信頼できる少数の社員に見てもらい、わかりやすいかどうか、表現に問題がないかどうかをチェックしてもらいます。特にタイトルは大事で、それがキャッチーであるかどうかで読者数は変わります。

また、特定の社員にのみ焦点を当てるようなことを書くと嫉妬や不公平感などを持たせてしまう恐れがありますし、文化的・業務的に注意が必要なことを安易に書いてしまうと思わぬ批判を招いたり社外に情報が流出したりといったことも起こり得ます。カジュアルでありながら注意深く書かなければいけません。

アクセス数を計測できるのはブログを使う一つのメリットです。記事を掲載した後は何人がアクセスしたかを調べ、タイトルや内容を検証する材料としました。

ときどき、取引先から何かチケットやグッズなどをいただいたものの全社員に配る数はない、ということがあります。そういう場合、ブログに「受付に行けば先着◯名がもらえるよ」と書くと、読んだ直後に受付に向かう多くの足音がダダダと聞こえてきたものです。そんな手も使いながら多くの社員に読んでもらえるよう工夫して書いていきました。

若手社員と30回以上の飲み会

「自分を見せる」ための取り組みとして欠かせないのが、当然ながら、社員たちと直接、できるかぎり少人数で話をすることです。

着任直後に社内を回ったとき特に気になっていたのは、若手社員たちの様子でした。全社員のうち、20代、30代の若手社員は250人ほど。数は多いものの、私が現場で意見を求めた際に声を挙げるのはほとんどが年配の社員たちでした。一方で、若手社員たちが意見を持っていないようには見えません。みな何かしら思っていることはあるのに、職場で、特に上司の前で、自由に意見を言うという習慣がないのです。

ここに一つの糸口があると思っていた私は、日々のブログなどによってある程度の親しみを持ってもらえたかなと感じた段階で、若手社員と気軽に語り合う飲み会を開くことにしました。韓国のお酒は強いため不安もありましたが、これも仕事と割り切りました。人事担当者に頼んで、以下のような形で実施することにしました。

- 若手社員を5、6人ずつのグループに分けて小規模で実施。グループ内で階層差がない（上司と部下の関係は入れない）ように人事側で分ける。
- 終業後の2時間程度、オフィス近くのカジュアルなレストラン（韓国焼肉）で実施。
- 最初の1時間は仕事の話はせず、個人的な話のみ。楽しく食べ、楽しく飲む。

韓国社会では、目上の人が飲まないと下の人は飲みません。また上司がカジュアルにくだけた態度にならない限り部下もそうはなりません。私がまずオープンになることが大事です。最初の1時間は、「爆弾酒」と呼ばれる、ビールを焼酎で割ったお酒をぐいぐい飲んで、プライベートな話ばかりして楽しく過ごします。最初は「いったいどんな会になるのかな」と緊張して集まったメンバーも、徐々に打ち解けてきます。そして皆がヒートアップしたところで「会社への意見や不満を聞かせてくれ」と切り出すのです。

若手社員らの話を聞くときは、こちらから言いたいことや反論したいこと、諭したいことがあったとしても、それを抑えて聞き続けるようにしました。「なるほど」「そうか」「どうして?」「ほかには?」など、あいづちや問いかけを挟むだけで、いわゆるアクティブ・リスニングを行ったのです。

やはり思ったとおり、皆それぞれにいろんな考えを持っていました。若手社員らが思い切って話してくれる意見は貴重なものばかりです。酔っていて忘れてしまわないよう、小さな付箋にメモを取り、足元に置いたスケッチブックに貼っていきました。翌日それを秘書に渡し、表計算ソフトに入力してカテゴリー別の表にしてもらいました。

初回のグループはずいぶん緊張していたようでしたが、回を重ねるにつれて経験者から話が伝わりますから、後半ではずっと打ち解けやすくなりました。初めて経験する社長との飲み会を楽しみにして、いろんな意見を準備してきてくれる社員もいました。

こうして200人以上の若手社員と計30回以上の飲み会を2カ月強かけて実施しました。半分終えた頃から体にこたえてきて、われながら無謀な提案をしてしまったと思いましたが、始めた以上、公平さのためにもメンツのためにも途中でやめるわけにはいきません。へべれけになって家にたどり着くようなこともあり、妻も心配する日々でした。

やっとの思いでやり終えたのですが、苦労した甲斐はありました。付箋に走り書きでしたためた社員の声はスケッチブック一冊分になり、それをカテゴリー別に整理した表は大いに意味を持つデータとなったのです。また、現地の組織の中には、外国人赴任者には容易に知ることのできない「しがらみ」や不満や現地人同士の人間関係などがあるものです。この飲み会はそうしたものの存在を如実にあぶり出してもくれました。

出てきた意見を「重要」「緊急」「(重要でも緊急でもないが)簡単に手をつけられるもの」の3区分に分け、一つずつ関連部門と検討して対応していきました。すぐに解決できるものは少なく、対応にはそれなりの時間を要しましたが、「簡単に手をつけられるもの」は、とにかくすぐに実行しました。そうすることで「意見が聞き届けられた！」という実感を持ってもらうのがねらいです。

たとえ些細な施策であっても、自分の意見が社長に採用されて実現されたということは、社員にとって大きな自信にもなり、会社へのコミットメントも高まります。やや窮屈そうに見えた若手社員たちが、少し活気づいてきたように感じました。

また、この取り組みによって、日頃は直接関わる機会の少ない若手社員との間に親しみや信頼を醸成することができたと思います。廊下ですれ違ったり会議で会ったりしたときの彼らの表情はそれまでとは違ってきました。昼休みにコーヒーショップでお茶を飲んでいると外からガラス越しに手を振ってくれるようにすらなったのです（階層意識の強い韓国で、若手社員が社長に手を振るということは、普通はあり得ません）。

メッセージは心に届きやすい方法で

「自分を見せる」ということに関して気を使ったことの一つが、メッセージをできるだけわかりやすく、自分の言葉で伝えるということです。

社長という立場に限らず、マネジメントに関わる人は（そして海外赴任者は多くの場合、マネジメントに関わります）、定期的に社内外に対して業績を説明したりその期の方針を発表したりする機会があります。学校教育での機会が少ないためもあるのか、プレゼンテーションを苦手とする日本人は多いようで、悩みを聞くこともよくあります。まじめくさったやり方で、淡々と資料を読み上げるような形では、印象に残りづらいでしょう。

とりわけ海外では、もともと母国語でない言語で説明をするわけですから、伝わり方は日本人同士の場合とは違います。ただでさえ世界では「日本人は真面目だがおもしろみがない」と思われていることが多いようです。

そんなイメージを打破して、現地の人々におもしろいと思われる、そしてメッセージが心にしっかりと届くプレゼンテーションをしたいものだと私は試行錯誤してきました。人によって向き不向きはあるかもしれませんが、私が体得してきたプレゼン術のポイントは次のようなものです。これもまた「現地志向」に基づいています。

- 現地に関連するおもしろい「つかみ」から入る
- 冒頭やまとめの部分ではなるべく現地の言葉を使う
- 伝えたい内容をシンボル（象徴）や比喩にして、絵やアイコンを使って話すまた、シンボルにする題材はできるだけ現地の文化から探す、プレゼン後に食事や打ち上げがある場合はシンボルに使ったものを実際に使う、といった工夫もするとさらに効果的です。

具体的にお話ししましょう。年度の初めに、その年の方針を発表する場面を思い浮かべてください。

冒頭のスライドの背景は、自分で撮ったある土地の春の風景の写真です。その土地の逸話から話を始めます。たとえば、韓国最大の島、済州島の自然公園の写真を見せて、ここではさまざまな珍しい動植物が厳しい生存競争を必死に生きています、自然の美しさはそれぞれが懸命に生きていることの美しさです、私たちもそうですよね?……といった流れで話していくイメージです。

そして前年1年間の主な業績を振り返って、社員の皆に協力への謝意を示し、これからこの年の方針を説明することを伝えます。ここまでは導入部ですから韓国語で話します。

次のスライドに、三つのアイコンが表示されています。私は問いかけます。

「さて、これは何だと思いますか?」

アイコンは方針の要点をシンボルにしたものです。いろいろなものが素材になり得ますが、実際に使ったものを幾つか挙げてみましょう。

「変化」のシンボルとして「韓国の焼酎」

韓国でポピュラーな焼酎であるジンロ（眞露）は、時代を経るにつれてアルコール度数が下がってきた歴史があります。１９７３年には30度だったのですが少しずつ引き下げられ、２００７年に19・５度となりました。この背景には、人々が飲みやすいお酒を求めるようになったというライフスタイルの変化と、より多くの若者や女性の消費者を取り込みたい企業の意向がありました。長い歴史を持つジンロであっても、時代に対応して変化してきたわけです。

私はまず30年前のジンロの瓶（秘書が自発的に博物館から借りてきてくれた）を壇上で見せて興味を喚起し、次いで30年間のボトルとラベルと度数の変遷をスライドに示して語りはじめました。皆、目を輝かせて聞いています。外国人が自分たちの忘れていた文化の一端を語るのだから興味津々です。この逸話を紹介した上で、自社も「変化」しなければならないというメッセージを伝えました。さらには会の後、異例ですがその焼酎をふるまい、

韓国人にとってなじみ深い焼酎を例に「変化」の必要性を語る

皆で飲むことで印象をより強めるようにしました。すなわち、頭と心と体に訴求したのです。

「イノベーション」のシンボルとして「発明家」

14世紀の韓国（李氏朝鮮）の第4代国王、世宗大王は現在韓国で使われているハングル文字を発明した人物です。ある時はその肖像画をアイコンとして示しました。韓国の1万ウォン紙幣に描かれているのがこの世宗大王なのですが、韓国の人たちは意外にそのことを知らなかったり、肖像画を見てもだれかはわからなかったりします。問いかけた上で、「皆さんの財布の中にもこの人の絵があると思うよ」と興味を引き、その偉大な発明に触れてから、自社にも「イノベーション」が必要であることを話しました。

「より深い本質」のシンボルとして「桃」

2年目の決意表明を行ったときは、ちょうど旬の走りだった韓国人の好きな果実、桃を使いました。伝えたかった決意とは、「この1年の取り組みと皆さんの協力によって、会社の状況がよくわかり、すぐに対処するべき問題について必要なアクションを取ることができました。しかし、まだ核心的な問題に取り組むまでには至っていません。この2年目は、その核心まで入り込んで問題を解決します」というものです。桃はご存じのとおり柔らかな果肉の奥には硬い種があります。1年目に果肉に到達したが、2年目はこの硬い種の部分まで踏み込んでいくぞ、ということです。なかなか説明が難しい概念を、桃を使ってイメージしやすくし、印象づけるねらいでした。

桃を使ったときも終了後、ポケットマネーで買った桃を社員の皆に一人ずつ配って回りました。「そこまでしなくても」と思われるかもしれませんが、シンボルにした物を実際に見たり触れたりする（体験化する）ことで、印象はさらに強まり、定着しやすくなります。桃を味わいながら、皆が口々に「この硬い種に切り込むのか」「さらに会社が変わるってことね」「これまで以上に頑張らないと」といった声を交わしてくれれば、皆で同じメッセージを共有したという意識も広がります。

こうしたプレゼンテーションを何度もしていたため、翌年の同時期になると「昨年はジンロの例でしたが、今年は何を使うのですか？」などとよく聞かれました。それだけ記憶に残っているんだなとうれしく思ったものです。1年前の上司の話なんて、普通なかなか覚えていないのではないでしょうか。

多角的にコミュニケーションする

これまでお話ししてきたように、さまざまな場で「自分を見せる」ことに努め、印象的なプレゼンテーションをすることは、親近感や信頼感を育み、メッセージを効果的に届ける上でとても効果的です。

ただ、それで十分というわけではありません。これまでに挙げたものは基本的に社内で行われるコミュニケーションです。しかし社員には、それ以外の場で会社と接する機会が多々あります。つまり、社外で会社の評判を聞いたり、会社の商品を目にしたり、広告を見たり、メディアで会社に関する記事を読んだり、といったことです。そして、そうした接点からも社員は影響を受けます。

特に海外では、会社自体があまりよく知られていなかったり、正しく認識されていなかったりするものです。そんなところでは、社外の周囲の人たちの意見やメディアの論調が、社員の会社に対する認識に強い影響を与えます。

ここに、この章の最初の方で挙げた、韓国における「三重苦」の三つ目、「社会との関係」が関わってきます。日韓関係がぎくしゃくしている中で会社の存在をどうアピールすべきか、ということです。

韓国では、日系企業や韓国メーカーに押されている企業などで働くことについて、知人や家族から意見されることが多いようです。ソニーも知名度は抜群でしたが、韓国では勢い盛んな韓国メーカーに比べて元気のない状態であり、それを国対国の力関係の象徴のようにメディアが取り上げていました。社内でいかに会社の方針やビジョン、目標や夢を語ったとしても、社外で友人・知人・家族たちの疑心暗鬼の意見やメディアのネガティブな論調に接してしまうと、その効果が損なわれてしまいます。

そこで、社外や非公式の場面も射程に入れた、多角的なコミュニケーションが必要となります。

図3　多角的なコミュニケーション

	公式	非公式
社内	会社方針のプレゼンテーション 社内の会議 会社行事でのあいさつ	飲み会 社内ブログ 社内で会ったときのあいさつ 冠婚葬祭など
社外	取引先とのコミュニケーション メディアとの関係づくり／記事 コミュニティ活動	社員の家族も参加するイベント インフォテイメント（映像などを使って楽しく情報を伝える）的な情報発信 家族へのメッセージ

私は「公式・非公式」「社内・社外」の分類を掛け合わせた4つのカテゴリーでコミュニケーションをとらえ、それぞれにおいて会社の実状・方針・イメージなどをそれぞれに合ったやり方で発信していくことを心掛けました（図3）。

「公式×社内」は、先述のプレゼンテーションなどです。

「非公式×社内」は、飲み会やカジュアルなブログを通じたコミュニケーション。

「公式×社外」は、取引先とのコミュニケーション、メディアとの関係づくりと情報発信などです。

「非公式×社外」は、社員の家族を巻き込むイベントや、インフォテイメント（情報と娯楽の融合。映像などを使って楽しく情報を伝えること）的な情報発信です。特にアジア圏では、社員の両親を含めた家族の支援は大きい傾向があります。その人たちに、子どもの勤め先が良い会社、安心できる会社だと思ってもらうことは重要です。ファミリーイベントを開き、従業員重視の姿勢を示し、インフォテイメントを通して会社の状況と将来ビジョンを知ってもらうことに努めました。また、旧正月などの年中行事に自宅にメッセージカードを送るといったアクションがとても効果的だったと思います。

こうした多角的なコミュニケーションによってさまざまな面から一貫したメッセージが届けられれば、社員にとって「公式×社内」で話されていることとの納得性が増し、知人や家族など周囲からもサポートされるようになってきます。それが社員のモチベーションにもつながっていくのです。

メディア露出で会社をアピール

さて、韓国における「三重苦」の一つは「社会との関係」でしたが、これを克服するための「公式×社外」のコミュニケーションとして最も効果が大きかったのは、私自身がメディアに出ることでした。

多くの先輩方からは「韓国ではメディアには出ないほうが安全」「新聞記者には気をつけなさい」とアドバイスを受けていました。が、新聞でも雑誌でも、さまざまなメディアで自社ブランドが韓国メーカーに押されて凋落しつつあると揶揄する記事が出ていました。それを座して見ているわけにはいきません。新商品発売等の説明記事は出していましたが、それだけではこの目的にはまったく不十分です。私はリスク承知であえて積極的に打って出ました。

メディアに対しても私がとった手は「自分を見せる」こと、つまり会社ではなく私自身をネタにすることです。メディアから見ると、有名だが韓国メーカーに押され気味の企業の現地法人にやって来た初の日本人社長という点への関心がまずありました。またラッキーなことに、それ以前の8カ国の赴任経験も彼らの目を引きました。つまり私は韓国について語るとき、「韓国対日本」という観点ではなく、「諸外国対韓国」という観点に立つことができるのです。そういう観点からの発言は聞く価値がありそうだと思われたのでしょう。さらに韓国文化を知ろうと努力していたことも彼らの興味を引いたようです。広報担当を通じて会合を申し出ると、何社からも会いたいという返事が来ました。

すぐに記事にならなくてもいい。まずは自分を知ってもらい、韓国で作り上げようとしている独自の企業文化について知ってもらおう。そういう思いで酒食をともにしているうちに、何人かの記者たちと仲良くなることができました。カラオケに行ったこともあります。記者はそれぞれとても知的でハートもある好人物でした（この点は書かないでと頼むと紳士的に約束を守ってくれましたし）。付き合いを続けるうちに、私をネタにしつつ好意的に会社（現地法人）に言及する記事を書きはじめてくれました。

そしてある日、思いがけないオファーが大手の経済新聞社からありました。毎週の日曜版の一面に「好きな食べ物」をテーマにした著名人のインタビュー記事があり、私の韓国料理志向がおもしろいので出てほしい、というものです。

私が着任直後から韓国の納豆汁（チュンゴクジャン）を気に入って食べ歩きしていたことが興味を引いたのでした。あんな匂いの強烈な鍋料理を外国人が喜んで食べているとはおもしろい、とのこと。食をテーマにしつつ、ビジネスマンとしての考え方や活動の話も交えた記事になるというので、会社にとってもイメージアップにつながると考え、引き受けました。

インタビューといっても、記者2人とその納豆汁を食べ、飲み、語り、笑い合うという、たいへん楽しいものでした。

どんな記事になるのやらと気にしていましたが、いざ掲載号を目にしてびっくり。なんと一面全面が私の記事になっていたのです。社員や取引先からも驚かれ、翌月曜日には「おもしろかった」と何本ものメールや電話をいただきました。一般の読者からも好意的な手紙をいただきました。記事の中で焼酎の度数の変化をプレゼンに使った話をしていたため、それを読んだ焼酎メーカーの社長が喜び、会社に何ダースもの特製焼酎が届きました。

すばらしい反響に驚いてから1カ月後、同じ新聞社から、あの記事の評判がよかったので、これから2か月間、毎週エッセーを書いてほしいと頼まれました。それは数人の執筆者が日替わりで書くエッセーで、他の執筆者は当時の与党の政治家、韓国開発銀行の前総裁、有名法律事務所の社長など、そうそうたる顔ぶれです。私でいいのだろうかと戸惑いましたが、これも会社のためになると考えて受けました。これがまた社員や関係者の士気向上に大いに役立ったのは言うまでもありません。

こうして私は懸念していた「社会との関係」についても一定の成果を上げることができたのですが、この幸運なメディアからの申し出もまた、元をたどれば、現地の文化への強い志向があったからこそ得られたものです。発端は路地裏の店での納豆汁との出会いです。それが巡り巡ってこんな展開を呼び込んだわけですから、その国の文化に関心を持つことの大切さを、改めて思わずにはいられません。

外国人がその国の文化に関心をもち、探求しているということは、どこの国でも現地の人の興味と好意を呼ぶものです。そしてそのプロセスは楽しいものでもあるのです。海外赴任者たるもの、これを活用しない手はないでしょう。

さて、着任当初の「三重苦」をあの手この手で乗り越えようとしていた私ですが、さらなる課題を見出していました。赴任者である私は、いずれはこの地を去る身です。「自分を見せる」ことは極めて有意義ですが、やがて自分が去ったらどうなるのか。トップが組織をリードすることは大切ですが、組織がトップに依存するのは好ましくありません。

次なる課題は、まさに「桃の種」にアプローチすることでした。すなわち、働く人たちの心の核を熱く燃え上がらせ、その火が私の去った後も続くようにすることです。

この章のポイント——自分を見せる

- 赴任者に対して現地社員がもつ不安や疑念に向き合うこと。
- 積極的に自分を開示し、権威に頼らず、一人ひとりに向き合う姿勢を徹底するべき。
- 積極的に近寄ってくる社員だけでなくサイレントマジョリティの声を聞くことが大切。
- フェアに広く、深く聞くことで組織の課題が見えてくる。
- メッセージは心に届き、残ってこそ意味がある。カギとなるのは象徴、比喩、体感。
- トップは公式な場の発言だけでなく多角的なコミュニケーションを行うべき。
- 社外へのメッセージ発信や会社の可視化も大切。そこでも文化が役に立つ。

第6章

誇りと喜びを育む

ついに熱狂する社員たち。信じてきたことは正しかった

▼現地法人社長　▼士気向上／権限委譲／人材育成

社員の士気を左右するもの

これまでの各章では、現地の文化を尊重し、人を尊重することがビジネスの成果にも結び付いていくことを示し、前章ではマネジメントにおいて「自分を見せる」ことの重要性をお話ししました。それらはいわば、赴任者自身の自己変革やリーダーシップの話が多くを占めていたかもしれません。

しかし、マネジメントは最終的には「人々に」「自ら」動いてもらうことが重要です。現地尊重の考え方からしても、現地の人たちが、グローバルな理念や方針は維持しつつも、現地に合ったやり方で、自ら効果的に事業を運営していけるような状態を作りだすことが一つの目標と言えるでしょう。

この章では、マネジメントを担う赴任者の一つの重要な役割である、環境を最適化すること、それを通して働く人たちの士気を高めることについてお話しします。またこれに密接に関わるテーマである、グローバルとローカルの関係についても、経営視点での見方をお伝えできればと思います。

韓国の現地法人において、若手社員の様子に懸念を持ったことは前章に書きました。上下関係に厳しい韓国社会、会社について何か思うことがあってもなかなか上司の前では意見を言えず、なんとなく閉塞感を覚えているように見受けられたのです。そこで30回にわたる飲み会を実施して声を拾い上げたことも既に記したとおりです。

そうやって行ったヒアリングの中で浮かび上がってきたことの一つが、若手社員たちが入社前に抱いていた会社のイメージと現実とのギャップでした。

ソニーが「グローバル企業」や「外資系企業」であることから、入社に際して、「国際性」や、「オープン」「カジュアル」「リベラル」といった雰囲気を思い浮かべていた者が少なくないようでした。しかし現実には、社内公用語が英語であるといった面はあっても、海外に出張するような機会はあまりなく、社員はほぼ全員が韓国人です。上下関係に厳しい文化は普通の韓国企業とあまり変わりがありません。そのため、どうも思い描いていた職場とは違うなと感じている者が多かったようです。

加えて、若手社員たちの士気に影響していたのが、当時オフィスがあった場所でした。それはソウル市内ではありましたが、韓国人の若者の感覚では、あまりおしゃれな場所ではなく、むしろ古臭いイメージのある場所だったのです。「グローバルな外資系企業」に勤める彼らとしては、東京でいえば丸の内や銀座のような場所で働きたいという憧れを持ち、それとは大きく異なる勤務地に、おもしろくない思いをしていたのでした。

読者の皆さんの中には、「甘えたことを言うな」と思う方もいるかもしれません。おしゃれでカッコいいイメージに憧れて、それと実状が違うからといってモチベーションが下がってしまうなんて、ビジネスの本筋とは本来何の関係もないではないか、と。

しかし、これは実はかなり大きな問題です。会社のイメージは、商品やサービス、広告、その他の社会的活動など、ビジネスに直結する要素だけで形成されるものではありません。実際にはオフィスの場所やその外観、ワーキングスタイルなどにも左右されますし、個人レベルでは名刺に記される対外的な肩書きなども影響してきます。前章で「公式×社外」や「非公式×社外」のコミュニケーションについて触れましたが、オフィスの外観や場所でも、名刺の肩書でも、社外から見られるイメージは、回りまわって社員の士気に影響します。

そして、このことは、他国からやって来る赴任者が見過ごしやすい、あるいは軽視しやすいポイントだと思います。

現地の人たちが地域に対してなんとなく持っているイメージは、その国になじみの浅い外国人には理解しがたいものかもしれません。それは実際にその地域に足を運んだり、現地の人の話を聞いたりする中でわかってくるものです。また、ワーキングスタイルや企業文化についても要注意です。その国では普通のスタイルが、だからといって今そこで働く人々にとって心地良いとは限らないのです。私は「現地志向」の大切さを繰り返し語ってきましたが、それは現地のあり方をすべて肯定するという意味ではありません。現地のリアルな姿を見つめるということです。現地の人たちが何にどんな思いを持っているのかを理解するということです。

そうした観点に立てば、当時のソニー・コリアはまさに、企業文化やワーキングスタイルや勤務地などの面で、若手社員たちの期待とは離れていたのでした。

一貫した行動とメッセージで文化を変える

会社の文化やスタイルを変えるというのは容易なことではありません。が、トップが本気で取り組めば、できないことではないはずです。30回の飲み会などを通じて、若手社員たちがもともと意欲十分で入社してきたこと、なかなか表には出さないが多くの意見を持っていることを理解するにつけ、なんとかして彼らの士気を高めたいと思いました。

どんなテーマであれ、新たなビジョンや方針を掲げて、社員にそれを理解してもらい、実際に変化を生み出していくためには、前章で触れた多角的なメッセージの発信に加えて、変化をリードするトップが一貫した行動とメッセージをとることが重要です。

たとえば、顧客志向や現場志向を社員たちに持ってほしいのであれば、トップ自らが顧客のいる現場へ積極果敢に出ていかなければいけません。打ち合わせの場などでも、顧客志向や現場志向の観点に立った意見やアイデアを出し続けるべきです。自由闊達でリベラルな文化をつくろうと思うなら、自ら率先してそれを体現するべきです。社員にイノベーティブな発想を求めるのなら、自らが日頃から違いや異質性を尊重し、ユニークな行動や発想を称賛し、自分でもそれを実践するべきでしょう。

そういうことを日々地道に実践し、行動とメッセージの一貫性を明らかに示していければ、トップを起点にして新しい文化・行動パターンが、ごく短期間でできていきます。

逆に、社員に求めることをトップ自らは実践しようとせず、行動とメッセージの一貫性が見られなければ、トップの発言にはたちまち説得力がなくなります。この赴任者はだめだと早々に見限られてしまえば、変革は頓挫です。赴任者の任期がたいてい数年ということを知っている社員たちから、静かに面従腹背のスタンスを取られることになるでしょう。変えると決めたからには、日々の行動で示して、やり切る。その覚悟が大切です。

若手社員の士気向上のために私が実施したことの一つは、彼らに海外で働くチャンスを与えることでした。

グローバル企業であることに魅力を感じて入社した、という声を受けての措置です。シンガポールや東京などの拠点に受け入れの相談をして、韓国の若手社員の中から毎年、数名を選抜して海外赴任させる制度を作りました。

もちろん、いきなり何人も送り出せるものではなく、受け入れ先の体制整備もありますが、シンガポールの地域本社や東京の事業部はその意義をよく理解してくれ、一歩一歩話が進みました。海外駐在できる人数はごくわずかですが、私が離任した時点で韓国の社員の4％が他国に赴任しているという状態が実現されました。

そして、この数人の赴任者が、韓国の他の社員たちに非常に良い影響をもたらしました。ときどき赴任者から送られてくるメールに記された海外拠点でのエピソードに刺激を受けて話題にする者、異なる視点や文化に興味を示す者、自分も選抜に受かって海外赴任したいとそれまで以上に熱心に働くようになった者が次々に現れました。また、なじみのある同僚が海外で働いているという事実そのものが、海外を彼らにとって身近なものにし、グローバル企業で働いているという自覚を芽生えさせた効果も大きかったと思います。

さらに言えば、若手社員へのヒアリングで得た声を実際の変化に反映させたことで、彼らは「自分たちの意見が取り入れられた」と実感したはずです。目に見える変化によって、若手があまり意見を表に出さないという雰囲気も、確かに変化しはじめたのです。

オフィスの移転を若手に委ねる

社員の意見を聞いて経営に取り入れるということは、社員の士気を高める一つの道ですが、その何倍もの効果を持つのが、意見を取り入れるだけでなくその実行を社員に委ねること、すなわち「権限委譲」です。

企業文化の変革であれ、新規事業の立ち上げであれ、軌道修正や撤退であれ、ある方針のもとに全社が一丸となって動いていくには、経営陣と社員の間にしっかりとした信頼関係が築かれていなければなりません。経営陣が「自分を見せる」ことを通じて、多角的なコミュニケーションを通じて、また拾い上げた意見を取り入れることを通じて、信頼関係は強まっていき、それにつれて社員の士気も高まっていきます。そして信頼をさらに深めるのが、権限を委譲するという行為です。

これまでの章でも述べてきたように、信頼関係を得るには「自分からつくる」という姿勢が大切です。まず自分が相手を信頼すること。信頼していると相手に伝えること。権限委譲は、その最たるものと言えるでしょう。

もちろん、何でも闇雲に任せればよいという話ではありません。相手が経験的・能力的に抱えきれないような仕事を押し付けては、成果の面でも士気の面でも悪影響が生じかねないため、どのような仕事をどのくらい委ねるかは慎重に判断すべきです。いずれにしてもフォローは必要です。

委ねるのが怖い、心配だ、という思いは当然あり得ます。しかし海外赴任者は、いずれはその地を去るわけで、そのときは自分の知識と権限（の一部）を現地の社員に委ねていかなければなりません。であれば、去り際に慌てて委譲して不安を覚えながら去るよりも、自分がいる間に委譲して目の前でさせてみて、必要であれば十分フォローできる体制をとっておく方が良いに決まっています。

地道な若手登用や権限委譲をする一方で、任せられる範囲を見極めた上で、私は思い切った権限委譲を行うことにしました。

当時のオフィスがソウル市内のあまりおしゃれでない場所にあったことは先に述べました。私が社員の士気向上策に悩んでいた頃、タイミングのよいことに、そのオフィスの契約期間が満了する時期が近づいていました。これを機に、より雰囲気の良い場所の新しいビルに引っ越しできれば社員は喜ぶでしょう。

オフィスの移動は大変な仕事です。頭を抱えかけたとき、これは絶好の機会だということに気がつきました。

●オフィス移転……よりステータスの高い場所の新しいビルに引っ越すことで、社員の士気と誇りを高める。

●フリーアドレス化……移転に合わせてオフィスレイアウトを刷新。役職別に机を分けて固定するのをやめ、役職の区別なく、日々自由に机を選べるようにする。これによってオフィス面積を減らしてコストを抑える一方、自由な雰囲気をつくって階層意識の強さを改善する（経験と洞察の深い地域本社の上司がこのやり方を勧め、支援をしてくれました）。

- 権限委譲……経営参画や権限委譲のシンボルとして、オフィスの選定とレイアウトの立案を若手社員に任せ、士気向上を促す。

オフィス移転の機会をうまく活用することで、これら3つのことを一気に達成できると考えたのです。

4カ所までは経営側で候補オフィスを絞り込んだ後、最後の選抜は、若手社員を中心に部門横断的なタスクフォースを作って、彼らに判断を委ねました。タスクフォースのメンバーは、初めて経験する作業に半ば戸惑いながらも興奮し、候補の一つ一つについて長所や短所を洗い出し、実務や働き方に対する影響などを詳細に分析、レイアウトや内装もいくつも案を出し、じっくりと議論して結論を出してくれました。

うまくいくだろうかという不安はありましたが、結果はすべての面で期待以上でした。自分たちが選び、レイアウトを考え、しかも自由で最先端の雰囲気のあるオフィスで働けるようになって、社員の士気は大いに上がりました。「新しいオフィスを家族に見せたい」という声が多いため家族向けのオフィスツアーを実施したほどです。また、こうした取り組みは韓国では珍しいということで新聞でも報道され、それがまた社員の自尊心をくすぐりました。若手への全面委任ということに当初は抵抗感を示したシニア層も、いざ新オフィスに移動すると雰囲気の良さとステータスを実感したのでしょう、まったく不満は出ませんでした。

あらゆる意味で、オフィス移転とレイアウトの変更、そしてそれを社員に委ねたことは正解でした。当初は懸念を示した本社も、結果を見てからは、韓国オフィスを他の現地法人のオフィスの参考にしたいと言ってきてくれました。

後日、会社が世界中の拠点を対象に行っている社員の満足度調査で、以前は「執務環境」の項目で最低だった韓国法人が一転、最高レベルになったと知りました。

「現地化」で現地の活力を高める

権限委譲と同様に、ローカル人材の登用もまた、現地社員の士気を高める上で効果的です。外資系企業では往々にして、本国からの赴任者が大きな力を持ちます。これは現地法人や現地拠点がどんな役割を担っているかにもよりますが、グローバルな事業方針がある中での各国の拠点ですから、自然なこととも言えます。

しかし、だからといって会社に貢献している有能な現地の人材が、その働きや能力に見合った昇格のチャンスを得られないのだとすれば、現地社員の士気は損なわれ、ひいてはその現地組織の活力も失われてしまいます。さらにそれは、会社に対する帰属意識や忠誠心を薄れさせ、コンプライアンス上の問題（情報漏洩や横領、職業倫理にもとる行動、不適切な対外的行動など）が発生しやすい土壌が生まれたり、離職率が高まったり、雇用が難しくなったりするといった悪影響ももたらしかねません。実際、海外進出している日本企業については、しばしばこの点の問題が指摘されがちです。

やはり、能力があり貢献度の高い社員には、現地社員かどうかを問わず、それに見合った昇格が可能になるようにキャリアステップを整備し、具体的に明示することで、働きがいと会社への忠誠心を持ってもらうことが重要でしょう。

韓国の現地法人は、社長である私の下で事業部制（ディビジョン・カンパニー制）をとっていました。各事業部（ディビジョン）の長は日本人が務めていましたが、いずれは現地社員が昇格してその任に当たるという形をつくるべきだと私は考え、本社の人事部など関連部署と相談していました。

こうした「現地化」を円滑に進めるためには、本社とともに進むべき方向性を共有するとともに、昇格のプロセス、ローカル人材育成・登用のロードマップをつくることが重要です。韓国での事業部長の現地化にあたっては、早い段階で候補者を選び、研修を受けさせたり、本社に出向く機会を設けて関係をつくったり、マネジメントとしての幅広い視野を持ってもらうため必ずしも本人が望まない部署への異動なども経験させたりして、一歩ずつ準備をしていきました。

そうした準備の段階にあった中、現地化の対象となっていたある事業部の長（赴任者）の異動が予定よりも早く起こってしまいました。現地人候補者を昇格させるのは時期尚早と思われ、懸念する声も少なくありませんでしたが、この機会を逃して新たな赴任者を事業部長に据えると、現地化のチャンスは当分なくなってしまいます。悩みましたが、私は準備不足を承知の上で、候補者を昇格させて後任に据えることにしました。これまでにない人事であり、他の現地社員全体に好影響があると考えたのも一つの理由でした。

案の定、この人事は現地社員に強いインパクトを与え、特にその部門の士気を大きく向上させました。また、取引先にもたいへん好意的に受け止められたのです。むろん日本の本社との関係や経験不足に起因するトラブルはあるのですが、そうした面は大義を考えて本社からの赴任者が補っていくべきだと思うのです。

フォローアップを忘れずに

ここまでの内容を読んで、「しかし、なんでも権限委譲すればOKというわけではないだろう」とか、「委譲に伴うリスクもあるだろう」と思われる人もいるでしょう。もちろん、そういう面もあります。なんでも現地社員に委ねて、寛大と言いつつ甘くなってしまっては、規律が損なわれることもあるでしょう。

オフィス選択の権限委譲の例ではあらかじめ経営側で4つまで候補を絞り込んだ上で選定を委ねたように、任せる範囲は慎重に見極める必要がありますし、事業部長の現地化の例では任せる相手に早くから準備をさせていました。そうした準備とともに、委譲した後のフォローアップもきわめて重要です。

思い切った権限委譲は、経営陣と社員の間の信頼関係を強め、社員の士気を高める効果を持ちますが、大胆にやるからこそ、一部に反対や抵抗が生じたり、支援が得られなかったりすることも起こりがちです。権限を委譲した相手は初めてその任務にあたるわけですから未熟な面があるのは自然です。陰で支援するということを怠ってはいけません。

現地社員に委ねることで起こりがちな問題というものもあります。会社全体のグローバルな方針との整合性（たとえば韓国だけで独自路線を突き進もうとする等）、その国の望ましくない因習や慣行への回帰、日本の各部門や他の赴任者との関係、といったことには特に注意して、軌道に乗るまで見守ることが必要です。

事業部長の現地化のケースでは、予定より早い昇格となったためもあり、準備不足の感は否めませんでした。そのためもあって、昇格後の数カ月間は日々、私が彼を背後から（一般社員には見えないように）サポートしました。

ビジネス上の個々の判断についてのアドバイスをするという意味ではありません。むしろ助言したのは事業部を率いるトップとしての振る舞いや姿勢といった面についてです。といっても、説教臭い話を何度も言い聞かせるということでもありません。私は彼に毎朝、社長室に来てもらい、一緒にコーヒーを飲むという習慣をつくりました。コーヒーを飲みながら、よもやま話をし、仕事の悩みや考えていることを聞き、意見を交わします。そんな会話を通して、彼に経営者としての姿勢や振る舞いを伝え、アドバイスしていったのです。

手法としては、コーチングに似ているかもしれません。これをこうしなさい、と指示したり、こうすればいいのだ、と正解を教えたりするのではなく、「この点についてはどう思う?」「仮にこういう状況だったら何をする?」など、彼の意見から抜けているように思えた視点を補うような問いかけをして、私自身の経験も示しながら、彼自身の考えや行動を促していったわけです。

そうしたアドバイスをする一方で、打ち合わせの場などでは彼を前面に出して立て、私は自分の影をできるだけ隠すようにしました。日本の本社への出張に同行した際にはときどき姿をくらまして彼自身のプレゼンスを高めるといったことも行いました。そうしたフォローアップを半年ほど続けた結果、彼の準備不足であった部分は少しずつ解消されていきました。こうした取り組みは限られたリソースと時間の中では難しいものですが、赴任者がその意義を理解し、支援しながら育て上げるということが大切だと思います。

なお、こうした現地人材の高い役職への登用においては、その人材が現地トップに上り詰めた「後」のこともあらかじめ考えておく必要があります。つまり、いつまでやるのかという任期や、どういう条件が満たされれば交代するか、またその後は本社に登用されるといったキャリアパスを定めておくのです。入口を決めたら出口も決めておきましょうということです。

これは能力の高い現地人材をさらに活かす（次のステップに進ませる、後進の人材にも機会を与える）ことが一番の理由ですが、もう一つの重要な理由として、特定の現地人トップが長くその地位に「君臨」して権勢を築く「王国化」とも言うべき状況を未然に防ぐ意味もあります（赴任者の場合は数年で任期が終わるため、そうしたことは起こりにくい）。

現地法人は本社から遠く状況がわかりづらい上に、現地人同士でネガティブな意味で守り合う構造ができやすいものです。新陳代謝がないまま特定の現地人が長くトップの座に居座り、組織の「王国化」が生じてしまうこともあり得ます。それは防がなければなりません。現地化、現地人材の登用にあたっては、こうしたことにも留意する必要があるのです。

小義を捨てて大義を取る

海外現地法人のマネジメントについて日本では、現地人材の職業倫理や勤勉性への懸念を示す方が少なからずいるように思います。日本人は勤勉な民族だと言われます。それに比べて、諸外国の人々は「まじめさが足りない」「規律が弱い」「仕事が粗い」「時間にルーズ」といったイメージを持っている人は、読者の皆さんの中にもいるかもしれません。

たしかに、これまで本書で述べてきたように、国にはそれぞれ文化的な違いがあり、それが日本人の私たちの目にネガティブに映ることもあり得ます。が一方で、そうしたイメージには偏見も多く混じりがちですし、私たちが「規律」や「職業倫理」と感じていることが、実際的にはあまり意味のないことである、という場合もあるように思います。

たとえば、かつて「長時間残業して働く」ということを「がんばっている」とポジティブに捉える文化が多くの日本企業にあったようですが、最近ではむしろ「効率が悪い」とネガティブに見る傾向が強まっているように思います。何を規律と捉えるかは、万国共通のものでもなければ時代を超えて不変のものでもありません。自分にとっての常識だけで安易に判断するのではなく、本当に大切なことは何なのかを考える必要があります。

一方で、会社として大切にしている方針や規律、コンプライアンスに関わるような事項については、守るべきことを明確に伝え、妥協せず遵守していかなければいけません。いくら現地志向といっても、会社の方針や倫理規定から逸脱するような行動は、規則にのっとって厳しく対処するのは当然のことです。

人間ですからだれでも、目の前にいる人、特によく知っている人への処分は避けたい気持ちになるものです。厳しい処分を行うことで、反感を持たれたり、面倒を起こされたり、急に辞められたりしても困るという懸念も頭をよぎります。自分の赴任期間はもめごとが起こらないようにしたいという気持ちもあるでしょう。しかし、それらを恐れて処分を控えてしまっては、規律は定着しないどころか、今ある規律も壊れていってしまいます。目の前の安定という「小義」を捨てて、組織全体への影響という「大義」を取って対処しなければならないのです。私も時には心を鬼にして厳しい対処をしてきました。

以前、ある部長が部下の女性にパワハラまがいのことをしたときのことをお話ししましょう。

前々から優秀さに目をつけていたその人を部長に昇格させてしばらく経った頃のことで

した。その部長のチームの若い女性が、人事部に彼の言動についてクレームをして、ほどなく退社してしまったのです。確認したところ、彼が乱暴で不適切な言葉で彼女を叱責したことがあったとわかりました。

それは当時、さまざまな施策によって私が推進していた、自由闊達な雰囲気の会社、ヒエラルキー意識の少ない組織、若手の活性化などの基本方針に背く行為でした。

社内のうわさで一件を知った社員たちは皆、会社がそれにどう対処するかに注目しているようでした。一方で、シニアの男性マネジャーの中には、部長の言動は良いことではないものの、「その程度のことは、この国ではしばしばあり得る」という意見を示す者もいました。

さまざまな意見を聞いた上で私がとったのは、労働法上の規定も含め選択肢の中で最も厳しい措置でした。職位の肩書きを剥奪するというものです。これまでしっかりとキャリアを積んできた彼の肩書きをナシにするのは、厳しすぎる措置だという声もありましたが、実質的にも象徴的にも、この対処は重要でした。

決定を下した後、私から直接、彼にその処分を伝えました。幸い当人自身、自分のしたことの重さを頭では理解しており、この厳しい措置を素直に受け入れてくれました。

現地ではこういうこともあり得る、という文化的背景にかかわる問題でもあり、難しい件でしたが、社員たちには「会社がはっきりと掲げている方針に合わない行為にはしかるべき対処をする」という首尾一貫した姿勢として好意的に受け止められたようで、特に若手や女性の社員から評価の声があがりました。処分を受けた彼も、その後は努めて謙虚になり、人に丁寧に接し、地道に仕事に取り組むようになりました。

これには後日談があります。3か月の後、当人を呼んで、彼の行動改善の具合を確かめようとしたのですが、驚いたことに本人からこんなことを言われました。

「あの処分を受けて良かったです。あれがなければ、自分はずっと仕事でも私生活でもあのような行為を続けてしまっただろうと思います。ありがとうございました」

真摯な態度から私は、彼が本当に反省し、本気で自分の行動を変えようとしていることを理解しました。

その場では何も言いませんでしたが、処分の効果はすでに果たされたと私は判断しました。であれば、彼の力を十分に生かせる環境を再び与えるべきでしょう。私は自分の任期が終わる前に彼をもとの肩書きに戻そうと決め、ひそかに人事部にだけ伝えておきました。

そして実際、私の帰任直前に、彼はもとの役職に戻ったのです。

グローバルとローカルの狭間で

これまで本書では主に赴任者と現地との関係についてお話してきましたが、赴任者が頭を悩ませるのは現地との関係だけではなく、本社との関係にもよく悩みます。

基本的に、日本企業から海外拠点に赴任する人は、現地の事業やチームの統括など、マネジメント的な役割を担うものです。異文化の中、見ず知らずの現地人と関わり、動いてもらって出した成果を、本社から厳しく問われることになります。これだけでもストレスフルかもしれませんが、それ以上に多くの赴任者が悩むのは、本社のいわゆるグローバル方針と赴任地での現地最適の狭間で、どんなスタンスを取るかです。

グローバル化と言うと、全世界どこでも通用するということで個々のローカルの状況とも整合しやすいものと受け止められることが多いかもしれませんが、実際はグローバルとローカルの間で軋轢を生じる場合が少なからずあります。

本社から見た「グローバル化」の一要素は「全世界での共通化（標準化）」であることが多く、それは内容によっては個々の国での状況と相容れないこともあるわけです。

「全世界共通」という響きのよい言葉と、コスト削減、効率向上の名の下に、それぞれの国での最適化・カスタマイズが看過されてしまう。そうすると、現地に溶け込み、その国の市場と顧客のために、その国の社員とリソースでできる最善を追求している赴任者にとっては、非常に大変です。特に現地法人のトップなど、その拠点を代表する立場にある赴任者は、まさに板挟みの状況に置かれることになります。

そして、グローバルとローカルの狭間に立たされた赴任者の背後には、その問題に赴任者がどう取り組むのかを不安げに見つめている現地社員や取引先の人たちがいます。しばしば、その対応がまずかったために、現地社員から見限られてしまう赴任者もいるのではないでしょうか。

これはもちろん、個々のケースによりますが、多くの場合において、とても難しい問題だと思います。何が最適な形なのか、どうすればそこに至れるのか、といった正解はおそらく一つではないでしょう。

本社の側は、全世界共通化だけでなく「現場最適の総和」がグローバル化になるという面もあること（すべてではありませんが）を理解する必要があると思います。現地の側は、現地の事情を本社に対して日常的に説明し、理解を得ていく責任がありますし、同時にグローバルな全体最適も（すべての面ではありませんが）重要であることを現地社員とともに理解することが大切です。

現地社員や現地の取引先は、新しい赴任者が着任した当初から、その赴任者の本社に対するスタンス、また現地の代表者としてのスタンスを注意深く見ているものです。彼らに慕われ信頼される赴任者になれるかどうかは、この一点に大きく左右されると言っていいでしょう。本社の言うことをそのまま現地に当てはめるだけの、本社の使いのような存在だと思われてしまうと現地社員はだれもついて来ないでしょう。現地の事情、現地にとっての利益を代表する存在としてのスタンス、必要なら本社にも異を唱えるべき立場であることもよく認識し、行動で示さなければいけません。そうした「現地の代表」としての役割をしっかりと引き受けて見せてこそ、社員の信頼を得ることができるのです。

幸いソニーの場合、当初は懸念を示しても最後には現場の意見を尊重してくれる風土があり（不安はあったかもしれませんが）、ありがたいことに多くの意見を聞いてくれ、むしろ支援してくれました。そして、そうした支援を得たことの多くは、現場の成功となって会社全体への貢献にもつながりました。逆にいえば、赴任者は本社に現場の実状を的確・率直に伝える義務があるということです。

またもう一つ重要なことは、他の赴任者にもよく理解を求め、協調して動くことです。有能な赴任者には、自分の意見や自分なりのやり方があるもので、考えを合わせるのが容易ではないこともあるでしょう。が、日本人赴任者の間に意見の相違があっては現地社員が混乱してしまいます。ここは気を配るべき点です。

韓国ではこの点でもうまくいきました。厳しい環境に苦労していた他の赴任者が私の考えをよく理解して強く支援してくれました。ビジネス分野の赴任者のみならず、管理担当役員も志が高い人で、さまざまな活動や人事的な活性化策も強く支援してくれたので、会社全体の機運と機動力がより高まりました。赴任者の間で考えが一枚岩になっていたことがうまくワークした理由でしょう。そういう意味で彼らにとても感謝しています。

どんな国でも、微笑めば微笑み返してくれる

さて、前章と本章を通じて述べてきたさまざまな施策を通じて、韓国に赴任したとき頭を悩ませていた「三重苦」は克服され、隣国に苦手意識を持ち続けてきたという私個人の「韓国問題」も、いつしか解消されていました。

オフィス移転に象徴される組織風土の改革を進めてきた一方では、現地の文化や習慣、人々に対する愛着が強まり、時には本社に対して韓国の立場に立って強く主張をすることもありました。トップのそういう姿勢に社員たちは鼓舞され、さらに真摯に働き、社内の信頼感や連帯感が強まっていくなど、さまざまなポジティブな連鎖が生まれます。

社員の士気という基盤が強くなれば、ビジネス上の成果も上がります。前章で触れたように、強大なライバルとの真っ向勝負を避けて自社の強みに集中する戦略がうまく機能し、2年連続で高業績となりました。

それまでの8カ国での経験をすべて活かして臨んだ9カ国目の赴任地・韓国での仕事は、あらゆる面で充実したものとなったのでした。

韓国の現地法人の社長を務めるにあたって、決まっていた任期は3年間でした。が、19年間も海外を渡り歩いてきた間に日本にいる母も老いてきて、介護の必要性が出てきました。私自身としても独立してコンサルティングの仕事をしたいという思いがありました。そのため任期を2年で切り上げ、日本に帰ることにしたのです。もっと長くいてほしい、と言ってくれる社員もいましたが、私にできることはすでに十分にやってきたという思いが私にはありました。２０１２年の夏、名残惜しさを感じながらも大きな充実感をもって、私はソニー・コリアの社長を退任しました。

退任にあたって、社員たちが盛大な送別会を催してくれました。ホテルのボールルームを借り切り、グループ会社を含めて数百人が集まってくれたのです。２年間を振り返るスライドの上映や社員からのメッセージ映像、趣向を凝らした記念品など、さまざまな形で慰労と感謝のメッセージを伝えられ、胸が熱くなりました。

２時間半ほどの宴の後、あいさつも終わり、いよいよ閉会となったとき、司会に呼ばれて再びステージに登壇させられました。何かなと思っていると、数人の社員がステージに上がってきて、一人ずつお礼の言葉を言っては手を差し出してきます。私も一人ひとりに言葉を返し、しっかり握手し、ハグしました。涙しつつ「まだ別れを惜しんでくれるのか」と感動していると、一人、また一人と目の前に社員が現れます。いつになっても終わりません。ハッとして会場を眺めると、なんと３００人以上の社員全員が一列に並び、一人ずつステージに上がってきているのでした。

それから一時間にわたって一人ひとりとの笑顔と涙のハグが続きました。

ある部門の７、８人のグループは、一斉にステージに上がってきました。「ははあ、彼ら

送別会。300人以上の社員一人ひとりと笑顔と涙のハグ

は効率的にまとめてあいさつか」と思った瞬間、かけ声とともに全員がひざまずき、床に頭がつくほど深いお辞儀をしたのです。これは韓国できわめて特別なときにだけ行うことがある、最上級の敬意を表す礼です。ましてや日本人に対して行うなど、ほとんどないでしょう。私は本当に当惑してしまい、早く顔を上げてくれるよう頼むばかりでした。

驚きと感動でいっぱいの送別会をしてもらい、その晩は一つ一つのシーンがまぶたに浮かんできて眠れませんでした。

このようにして、私の9カ国目にして最後の赴任地、韓国での生活は終わりました。

もともと苦手意識のあった国。しかも「三重苦」の中、現地の文化や人を理解しようと試行錯誤しながら仕事をしてきた2年間でした。

その結果、最初は「お手並み拝見」と冷ややかだった周囲の態度が、ある時から温かく、信頼に満ちたものに変わっていきました。士気の上がった社員たちは想像を超える業績を達成し、そして最後はこれ以上ないほどの送別をしてくれました。そのことに私は、自分の努力を超えた、人間関係の普遍的な法則を見たような気がしました。

たしかに私はさまざまな努力をしました。が、同じぐらいの努力をされている人は、赴任者の中には大勢いるはずです。ただ私は、努力する上で目を向けたものが的確だっただけではないかと考えています。それは、人とその心であり、その人が育ち生きている国と文化に対する深い敬意です。

どんな国でも、そこに目を向けてこちらが微笑めば、必ず微笑み返してくれます。韓国だけでなく9カ国での経験から、私はそう確信しています。

海外赴任する人は、多くの場合、自分の好みで赴任先を決められるわけではないでしょう。場合によっては行きたくない国や、苦労の多いことが明らかな国へ行かざるを得ないこともあるでしょう。しかし、どんな場所でも、驚くような展開は起こり得ます。苦労の種が逆に良い学びや経験につながることもあります。そして、どんな場所でも、あなたが向き合うものは「人」なのです。人を尊重し、文化を尊重し、信頼関係を築くことに努めて仕事をしていけば、成功は間違いありません。

この章のポイント――誇りと喜びを育む

- 社員の真に求めているもの（期待、課題）は何かを探り続けることが大切。
- 権限委譲は、社員の活性化だけでなく、自分の知識・手法を残す上でも有意義。
- 権限委譲は赴任直後から戦略的に考え、組織的に準備し、機会を探すことが大事。
- 組織改革は地道な施策と象徴的な施策を組み合わせると効果的。
- 厳しさも大切。厳しい局面では小義は捨てて大義を求めなければならない。
- 現地に赴任者が複数いるなら、赴任者間で考えを共有し一丸となることが大切。
- 向き合う相手が「人」であることを常に忘れずに仕事をすることが大事。

終章

異なるものに出会う意味

9カ国で学んだこと

２０１２年の夏、韓国の現地法人社長を退任して日本に帰り、会社からも退社しました。任期を前倒ししての退任でしたが、幸い会社から当初与えられていた任務は完了し、また同僚の赴任者と社員たちの尽力により、韓国現法は２年連続で記録的な高業績をあげました。そのことを評価され、退任の直前にはソニー内の社長賞（優秀業績賞）を受賞。光栄にもベトナムに続いて２赴任地連続でのことでした。

インドでの不安な初赴任と失敗から始まった20年にわたる海外赴任生活は、こうしてたいへんありがたい、幸せな結末を迎えることとなりました。

９カ国とも試行錯誤の連続で、失敗もあれば成功もあり、そして学びがありました。もちろん、本書で紹介してきたエピソードは、私が自分の置かれた環境で自分なりのやり方で行ったことであり、そのごく一部です。具体的な行動について、本書をお読みになった方が「このとおりにやればよい」というものではないでしょう。しかし、その背後にある考え方は、きっと読者の皆さんにとってもお役に立つと考えています。そのポイントを各章末に簡単にまとめましたが、改めて、海外で仕事をする上で大切なことを挙げてみましょう。

海外で仕事をする人が心がけるべき15条

- 現地の文化、社会状況を知る。
- 現地の立場で考える。現地を代表する人になる。
- 「違い」について善し悪しを語るのではなく、ありのままを見て、楽しむ。
- 地域も人も、一括りにせず、「個」にも目を向ける。
- 「外国人」としての自分の観点・立場を活かす。
- 現地の文化で何か一つでも気に入ったものを「極めてみる」。
- 困難な状況でも逃げずに現地の人たちと一緒に戦う気構えを持ち、示す。
- 自分を可視化する。人柄や考えを意識的にオープンにする。
- メッセージは現地に合わせた象徴・比喩など伝わりやすい形で伝える。
- 自分の発したメッセージと行動の一貫性に特に注意する。
- 「社内・社外」×「公式・非公式」の多角的なコミュニケーションを行う。

- グローバル化とローカル化のバランスに配慮する。
- 職場環境やワークスタイル等、人の気持ちにかかわることを重要視する。
- 現地人材の登用と権限委譲を、慎重かつ大胆に行う。
- 人志向は長期的には必ず報われると信じる。

インドで「もう日本に帰ってくれ」と言われたことも、韓国で300人以上の社員一人ひとりと交わした別れのあいさつも、私の海外経験のすべてを通じて、学んできたのはこういうことでした。

こうした考え方や姿勢を、ご自身の状況に応じて、ご自身のやりやすいかたちで実践されてみることをおすすめしたいと思います。仕事をともにするのが「人」である限り、その本質は、どこの国でも、どんな状況でも、同じように有効だと私は信じています。

忘れられない送別会の数日後、私は妻とともにソウルの金浦空港から東京へ向かって飛び立ちました。空港まで見送りに来てくれた韓国の社員たちに手を振り、搭乗口へと向かいながら、親しい関係を築いた彼らと離れる寂しさと同時に、日本での新たな生活への期待、そして一抹の不安を感じていました。なにしろ、私にとってほぼ20年ぶりの「異国」である日本で、会社を離れた新生活が始まるのです。

飛行機が離陸してからもさまざまな思いを胸に、名残惜しいソウルの街並みを眼下に眺め続けていました。が、ソウルが雲の向こうに隠れて見えなくなる頃には、私の気持ちは変わっていきました。そして一抹の不安もゆっくりと消えていきました。

それは9カ国への異動を通して体が学んだ自然な反応だったのかもしれません。そう、私はそれまでの体験から、体で理解していたのです。新たな場には新たな機会や出会いが必ず待っているということを……。

私は隣に座る、赴任生活を支えてきてくれた妻の方を向いて言いました。

「また生活が大きく変わるね。でも、10カ国目の〝違い〟も大いに楽しもうか」

異文化、異観点、異条件

日本に戻ってきて以来、海外進出企業とその赴任者の方々に対してコンサルティングや研修、コーチングなどを行っています。うれしいことに、多くの企業の方々にご関心を持っていただき、人事サービスの会社にもずいぶんと登用いただいて、初年度から忙しい日々を過ごしてきました。

そうした取り組みを通して、多くの日本企業とそこで海外赴任に臨む社員の方々の直面している課題や悩みがよく見えてきました。赴任者の方々は、言葉の壁、異文化でのマネジメント、また家族の生活について不安をお持ちのことが多く、企業側ではグローバル化に対するトップの強い要請を前に各部署が試行錯誤しているケースが多いように感じます。

そして、そんな日本企業や赴任者の方々に共通して垣間見えるのが、「異なるもの」への対応に戸惑う姿です。

日本社会は均一性・同質性が高いといわれます。その中で生きてきた私たちにとって、「異なるもの」に向き合うことは、基本的に難しい課題なのかもしれません。

しかし、だとすればなおさら、今日さまざまな面で閉塞感や先行き不透明感が叫ばれている日本企業にとって、グローバル化に果敢に立ち向かい、「異なるもの」に向き合うことは、大きな意義を持つと言えるでしょう。それは単に企業の国際化を進めるだけでなく、世の中の多様化に対応することや、革新的であることにもつながると考えられます。なぜなら、そのいずれもが「異なるもの」とどう向き合うかをその本質としているからです。

海外で「異なるもの」に出会うことによって企業が何を得られるのか、端的にまとめてみましょう。

- **異文化への対応（グローバル化&ローカル化）**……異文化の理解に努めることで、世界共通化（グローバル化）による効率性向上を追求する一方で、各地域での現地最適化（ローカル化）を実現する上での示唆や足がかりを得られるでしょう。グローバル化はローカル化との間で適切なバランスを取らなければ、利点だけでなく弊害をも生じます。そのバランスを見極める上で、現地の文化に目を向けることが重要となるのです。
- **異観点への対応（イノベーション文化の醸成）**……異なる観点や価値観を取り込むことによって、一人の観点では見出せない全体最適解に至ることが可能となります。多くの新しいアイデアは、既存のアイデアを組み合わせることによって生まれます。異なる観点に向き合うことは、組織としての問題解決能力を高め、イノベーションを生み出す力につながるでしょう。
- **異条件への対応（ダイバーシティの活用）**……異なる条件（生活条件、文化的な制約条件など）にある人々がともに働けるように組織体制を整備することは、人の移動が激しくなった今日、重要性を増しています。グローバルな人材獲得競争で後れをとらないためにも、異条件への対応力をつけることは、日本企業にとって大きな課題です。

こうして見ると、これらは海外進出しているかどうかにかかわらず、ほとんどの日本企業にとっての重要課題であることがおわかりいただけると思います。

現代は、かつてのように一つの物差しと一つの観点で、そして過去の延長線上で仕事をするのではなく、多様な価値観や観点に対応しつつ、それを最大限生かして新たなソリューションやイノベーションを生み出すことが求められる時代です。

そうした時代への対応を、ずっと同じ環境で働き、日々変わらぬライフスタイルで過ごしている社員にいきなり求めても、なかなか成果は得られないでしょう。したがって、企業にとって、社員を海外赴任に送り出して異なる環境・異なる文化に相対させることは、会社を変革していくための投資にもなるのです。

赴任者個人にとっても、今後もますます多様性を増していくであろう世の中の流れに適応し、イノベーティブに、創造的に仕事をしていく力を身につける上で、「異なるもの」に向き合うことは極めて重要と言えるでしょう。

だからこそ、私はこれから海外赴任に臨む方々への研修で、このようなメッセージを伝えています。海外での仕事を経験することの真の意義は、言葉が上手になるとか、海外慣れすることではなく、異文化・異観点・異条件に対応できるように自分と会社を変えていく力を身につけることなのです、と。

また、この本の読者の中には人事関係の方もいるでしょうが、企業のグローバル化（それだけでなく多様化や革新的風土の醸成）の進展には、人事部門の力がきわめて重要だと思います。なぜなら、グローバル化は事業そのものを変えるだけでなく、携わる人たちの姿勢や考え方が進化することが不可欠だからです。そういう意味では、人事が次世代の会社の風土をリードする時代になったと言えるかもしれません。

私は9カ国の赴任を通して本社からさまざまな支援を得ましたが、今でも深く感謝しているのが人事部門の理解と支援でした。現場の事情をよく理解してくれ、しかもこの本で述べたような施策を後押ししてくれました。

もちろん、それはただ支援を待つのではなく私自身が働きかけを行った結果でもあります。理解を得るために本社や地域本社出張のたびに人事部門に顔を出し、現場の状況をシェアするように努めていました。海外赴任者にはそうした姿勢が必要ですし、人事部門には赴任者の声にできるだけ耳を傾ける姿勢が必要だと思います。いつも丁寧に話を聞いてくれる人事部門の存在は、私にとって心強いものでした。

未来の世代のために

日本企業のグローバル化の必要性はさまざまなかたちでより加速してきています。グローバル化に関する考え方はいろいろあるでしょうが、この流れが今後さらに進むことはあっても後退することはないと考えてよいでしょう。企業にとっては文字通り不可避の課題ということです。

それはまた、私たち一人ひとりにとっても同様に避けられない課題となっています。さらにいえば、私たちの子どもたちの世代にとっては、グローバル化への適応は、より重要な、もはや前提条件とも言うべき課題になるのかもしれません。

現在以上にグローバル化が進み、異なるものとの出会いが身の回りに満ちあふれる社会を生きることになる子どもたちの世代に対して、私たちには何ができるのでしょうか。

家族も海外生活を楽しんだ。毎年の年賀状も現地の文化を表現したものを自作。
（左上：オランダ、右：ハンガリー、左下：韓国）

語学教育や異文化理解の教育が大切なのは言うまでもありませんが、最も効果的なのは、なるべく若い時期に、海外の息吹と、異なる価値観や考えの人たちとの生活を体感させてあげることだと思います。

海外赴任は、自分の家族にそれを提供するすばらしい機会となります。会社の支援のもとにそれができるのは、とても恵まれているとも言えるでしょう。

これから海外赴任する多くの方たちが「家族を連れていくべきかどうか」で悩んでいるのをよく目にします。それぞれ事情はあるでしょうが、可能であればご家族を帯同されることを私はおすすめしています。親が「異なるもの」に向き合い、「違い」を楽しむ姿勢で臨んだ海外赴任では、お子さんたちも必ず現地に適応し、現地を楽しみ、言葉のみならず、多様な観点や価値観を心の中に蓄えていくことになるでしょう。それがお子さんたちの将来にとって大きな価値になることは間違いありません。

そして、子どもたちの世代がそうした機会を得ていくことが、ひいては日本社会全体が、異なる文化に対して「より寛容な社会」、異なる観点を活かせる「より革新的な社会」、異なる条件にある人々が共生できる「より生きやすい社会」になっていくことにつながるのではないでしょうか。

初めてインドに赴任したとき、私の3人の子どもたちはそれぞれ、2歳、4歳、6歳でした。以後、子どもたちは各国の日本人学校やアメリカンスクール、インターナショナルスクールに通って育ちました。数年おきに住む国が変わり、学校も変わり、当然ながら友達もゼロからつくりはじめなければならないのは、時に不憫に思うこともありましたが、幸い彼らは、時に親が驚くほど、異なるものに適応する柔軟性を見せてくれました。

子どもたちのうち2人はすでに社会人になり、外資系企業の社員、日本企業の海外要員とそれぞれ海外業務に携わる道を歩んでいます。もう一人は大学生ですが、日本の大学からタンザニア大学に留学し、やはり日本国内にこだわらずに生き方を模索中です。これは親が教えたことでも求めたことでもなく、彼らが自分で選択した道でした。幼い頃から海外での生活をしてきた彼らの視点は、ごく自然に日本の枠を超え、世界を見据えているようです。

そんな3人の子どもたちに、かつて共通して言われたことがあります。

「お父さん、海外での生活を経験させてくれてありがとう」ということです。

私の20年にわたる海外赴任は、もともと自分で選んだものでもなく、行き先も希望したものでもなく、会社に言われてそれに従っただけです。が、それぞれの現地で文化を楽しみ、人を尊重し、ベストを尽くした結果、自分の人生に、また自分の子どもたちの人生にも、幅と彩りとさまざまな観点を得ることができました。

こうした機会を与えてくれたのは会社であり、支え協力してくれた家族であり、そして支援してくれた各国で得た仲間たちでした。彼らに対し、私も子どもたちが私に言ってくれたのと同じ言葉を伝えたいと今、心から思います。

「こんなすばらしい海外赴任を経験させてくれて、ありがとう！」

あとがき

現在の仕事を始めて以来、多くの企業の人事ご担当の方々や海外赴任に臨む方々から、私の予想を大きく超える反響をいただいてきました。試行錯誤の実体験にもとづく話であるため、一定の説得力や現場感、実効性を感じていただけているのかなと思います。

そうした中で、より多くの方々に伝えるべきだと勧められ、出版する運びとなりました。当初は各国での思い出に鼓舞されて筆が進みましたが、一通り書き終えてから、ややためらいを感じはじめました。というのも、講演や研修のようなインタラクティブな関わり方とは違って、本ではいわば一方的に話をする格好です。多くの方に向けて語ってきたつもりですが、読まれる方によって受け止め方は異なるでしょうし、仕事の内容、業種や立場によってニーズも異なるのではと思います。私の個人的な体験にもとづくこの本が、はたしてどれだけ皆さん一人ひとりの心に響き、役に立つのか……と心配になってきたのです。

一方で、海外赴任を前に不安を抱えている方や、悩みながら現地と向き合っている方、そしてそれを試行錯誤しながら支援している方と日々接していると、やはり出版すべきだという思いがわき上がりました。たとえ私個人のごく限られた経験であっても、その中で得てきた気づきや学びは、皆さんにとって「答え」にはならなくても、それぞれの問いに向き合う上でのヒントや、考える「材料」にはなると思うからです。

本書で述べたことは、すべて現実に体験したことです。「材料」としてお伝えするのですから、ある程度の整理はしつつも、なるべくリアリティを感じていただけるようストーリー性にも留意し、成功だけでなく失敗についても隠さず書きました。

幸い、原稿を読んでくださった方からは、本書の内容の本質は読み手の立場にかかわらず重要だというご意見をいただきました。また、私の行った試みはどれもお金のかからないことなので、だれもが参考にしやすいだろうという指摘や、海外に限らず多様化する日本国内でも本書で述べたことは重要性を増しているという声もありました。

そうした声に後押しされつつ、読者の皆さんがこの「材料」をご自分なりのやり方で解釈し役立ててくださることを期待して、上梓する次第です。さらに学びたい方には、私も大いに参考にした『熱狂する社員』（デビッド・シロタ他著、英治出版）をおすすめします。

お読みいただき、ありがとうございます。皆様のご成功をお祈りいたします。

2013年10月

糸木　公廣

［著者］

糸木 公廣
Kimihiro Itoki

シンクグローブ・コンサルティング代表

1957年東京都生まれ。北海道大学工学部卒業、東芝を経て1990年ソニー入社。1993年から20年にわたり9カ国に海外赴任。販売会社社長（3カ国）、欧州本社マネジメントなどを歴任し、現地法人の設立・経営、工場経営、合弁・工場閉鎖などを経験。最後の2カ国、ベトナムと韓国では本社より社長賞（優秀業績賞）受賞。2012年8月に退社、シンクグローブ・コンサルティングを設立。現場の観点に基づくコンサルティング・研修を行っている。

kitoki@Thinkgruv.com

［海外赴任の履歴］

1993-1997　インド　インド販社設立・事業開発
1997-1999　トルコ　中央アジア・南東欧担当　駐在員事務所長
1999-2001　ルーマニア　ルーマニア・南東欧担当　駐在員事務所長
2002-2003　ハンガリー　東欧販社社長（南東欧10カ国担当）
2003-2004　オランダ　欧州地域本社ヴァイスプレジデント（SCM担当）
2004-2005　ドイツ　欧州地域本社ヴァイスプレジデント（販売戦略担当）
2005-2006　イギリス　欧州地域本社ヴァイスプレジデント（販売戦略担当）
2006-2010　ベトナム　ベトナム販社社長・工場長
2010-2012　韓国　韓国販社社長

● 英治出版からのお知らせ

本書に関するご意見・ご感想を E-mail（editor@eijipress.co.jp）で受け付けています。
また、英治出版ではメールマガジン、ブログ、ツイッターなどで新刊情報やイベント情報を配信しております。ぜひ一度、アクセスしてみてください。

メールマガジン ：会員登録はホームページにて
ブログ ：www.eijipress.co.jp/blog
ツイッター ID ：@eijipress
フェイスブック ：www.facebook.com/eijipress
Web メディア ：eijionline.com

日本人が海外で最高の仕事をする方法
スキルよりも大切なもの

発行日	2013 年 11 月 25 日　第 1 版　第 1 刷
	2019 年　7 月　1 日　第 1 版　第 5 刷
著者	糸木公廣（いとき・きみひろ）
発行人	原田英治
発行	英治出版株式会社
	〒150-0022 東京都渋谷区恵比寿南 1-9-12 ピトレスクビル 4F
	電話　03-5773-0193　　FAX　03-5773-0194
	http://www.eijipress.co.jp/
プロデューサー	高野達成
スタッフ	藤竹賢一郎　山下智也　鈴木美穂　下田理
	田中三枝　安村侑希子　平野貴裕　上村悠也
	桑江リリー　石崎優木　山本有子　渡邉吏佐子
	中西さおり　関紀子　片山実咲
印刷・製本	大日本印刷株式会社
装丁	英治出版デザイン室

ISBN978-4-86276-157-6　C0034　Printed in Japan